中国企业成长导航图

绩效（纵轴） 时间（横轴）

成长特征：寻找机会
- 创意驱动和牵引
- 商业模式试验、产品（服务）试错、资源能力检验
- 过程具有不确定性

创业成功三要素
- 高能粒子（人）
- 加速器（钱）
- 商业模式（事）

组织特征：胚胎组织
- 基本治理机制
- 基本利益机制
- 基本文化机制
- 愿景型领导

创业期企业风险
- 资金等资源制约
- 企业家能力制约
- 核心团队磨合
- 底线过低、目光短浅、过于早熟等风险

成长特征：依赖机会
- 市场容量增长
- 竞争环境改善
- 关键顾客资源出现

成长关键：营销拉动
- 掌控渠道价值链
- 构建社交型顾客共同体
- 建立深度垂直O2O体系
- 导入新零售
- 聚焦、压强于局部市场
- 与重点客户结盟

成长主要因素：以奇胜
- 目标顾客精准定位
- 产品概念契合需求
- 模仿领先者
- 传播"引爆"
- 灵活机动、快速多变的市场运作

组织特征：激情组织
- 强势领导、高度集权
- 灵活机动、注重机制
- 专业职能薄弱
- 营销型团队文化
- 情法理的组织规则
- 短期绩效导向，霸道管理模式

机会成长期企业风险
- 持续竞争力不足
- 赌性过重，冒险主义
- 浓缩生长，野蛮生长
- 感性文化和投机主义
- 家长型体制和文化
- 影响价值统一性的亚组织、亚文化

第一次管理整合：组织建设
- 健全组织架构
- 打造职业化团队
- 导入和构建管理体系
- 企业文化成人仪式

成长特征：依赖组织能力
- 具有战略意图
- 具有基础和支持
- 具有管理含量
- 具有国际视野

成长关键：复制成功
- 品牌增值
- 构建供应链体系
- 发育技术能力
- 巩固商业模式壁垒
- 加强资源保障

成长主要因素：技术进步
- 远见卓识和勇气决心
- 技术创新战略
- 技术来源和合作策略
- 全球人才战略和研发网络布局
- 组织力量和资源投入
- 高附加值和高技术含量的循环

组织特征：高能组织
- 三高：高绩效、高能量、高能力
- 学生兵策略
- 薪酬杠杆
- 提升内部张力
- 建立人才后备营
- 重视年轻人才使用
- 建立高浓度组织文化

系统成长期企业风险
- 行为短期化
- 本位主义和官僚主义
- 授权不充分
- 组织架构制约
- 法治和人治的冲突

第二次管理整合：体制变革
- 释放股权，完善法人治理结构
- 提高决策民主化程度
- 进行分权化体制变革，调整组织架构和形态
- 按照客户导向重建流程
- 重新设计利益机制
- 培养二级企业家
- 完善集团管控体系

成长特征：依赖内部核心能力
- 主营业务成为行业领导者
- 在主营业务积累的资源能力基础上多元扩张
- 以收购兼并为主要手段
- 通过纵向整合或横向扩展，成为产业组织者或产业生态运营者

系统成长期企业风险
- 盲目扩张业务
- 新业务发育滞后
- 诸侯化倾向
- 大企业病，组织熵增
- 领导力瓶颈
- 企业文化的包容性和活力不足

业务叠合：多元化逻辑
- "竖"有多长
- "横"有多宽
- "圈"有几环

成长关键：新业务发育
- 提高新业务选择的战略认知
- 降低收购兼并风险
- 适当隔离新旧业务

组织特征：分合组织
- 分部型架构
- 赋能平台体系
- 前台、中台和后台

第三次管理整合：结构转换
- 组织形态演进
- 组织文化重塑
- 改变领导者
- 改变领导方式
- 改变领导力标准

成长特征：源于战略和组织重构
- 重构成长的背景：外部环境挑战
- 二次创业和再出发
- 寻找新的战略机会
- 按不同战略导向的成功概率配置资源
- 掌握核心技术，抢占技术高地
- 处理竞合关系，构建生态基础

成长路径：两条道路
- 重选一片海
- 改变目的地和航线
- 基础层面的商业模式创新
- 运营层面的商业模式创新
- 结构性商业模式创新

组织特征：叠加组织
- 既是大组织，又是小组织
- 既是自由人，又是共同体
- 既无边界，又有边界

重构成长期企业风险
- 没有航标
- 目的地不确定
- 重构所需领导力不足
- 企业进入"深水区""无人区"后企业文化支撑薄弱

1.创业阶段　　2.机会成长阶段　　3.系统成长阶段　　4.分蘖成长阶段　　5.重构成长阶段

企业成长导航

施炜 苗兆光◎著

ENTERPRISE
GROWTH GUIDE

机械工业出版社
CHINA MACHINE PRESS

图书在版编目（CIP）数据

企业成长导航 / 施炜，苗兆光著 . —北京：机械工业出版社，2019.4（2025.6 重印）

ISBN 978-7-111-62275-8

I. 企… II. ①施… ②苗… III. 企业成长－研究 IV. F271

中国版本图书馆 CIP 数据核字（2019）第 048530 号

企业成长导航

出版发行：机械工业出版社（北京市西城区百万庄大街 22 号 邮政编码：100037）

责任编辑：冯小妹　　　　　　　　　　　　责任校对：殷　虹

印　　刷：北京建宏印刷有限公司　　　　　版　　次：2025 年 6 月第 1 版第 7 次印刷

开　　本：170mm×230mm　1/16　　　　　印　　张：17.75　　插　　页：1

书　　号：ISBN 978-7-111-62275-8　　　　定　　价：99.00 元

客服电话：（010）88361066　68326294

导言 企业没有成功，只有成长

企业成长的含义

企业成长是企业从小到大、从弱到强的过程。从可量化的指标看，成长表现为经营业绩、资产规模的持续增长；从组织能力角度看，成长是指竞争力的提升。如果把企业看作生命体，成长是企业与环境的互动，是持续不断的选择，是机能变化、适者生存的演进。按照资本市场的逻辑，成长表现为企业价值的增值；企业成长性越强，企业价值的估值就越高，投资者获得较高收益的可能性越大。

影响企业成长的主要因素有三个，我们将其概括为"一心二门"。"一心"即心之所愿，是企业成长的使命和愿景。缺了这"一心"，企业成长就失去了动力之源、牵引之力。"二门"之一是战略，即企业成长的方向、逻辑和路径；而另一扇"门"则是组织，即战略目标的责任主体和实现目标的支持力量。战略和组织两个因素合起来，回答了企业如何成长的问题。

企业成长的阶段划分

企业成长是一个漫长而艰辛的航程，通常需要经历若干成长阶段。管理学界对企业成长阶段的研究，比较著名的有格雷纳的"五阶段"模型、爱迪斯的"企业生命周期"理论等（详见第八章）。出于为中国企业成长提供管理解决方案的目的，需从动态角度提出一个基于本土企业实践、适用面广、解释力强、具有实用意义的企业成长阶段模型。这样的理论建构，有利于我们分析、判断企业成长过程中所处的阶段，以及各阶段典型、共性的特征和问题，有利于我们提出针对性强的对策和方法。

在研究华为、美的等中国领先企业成长过程和成长经验的基础上，我们提出了五阶段成长模型（如图 0-1 所示）。

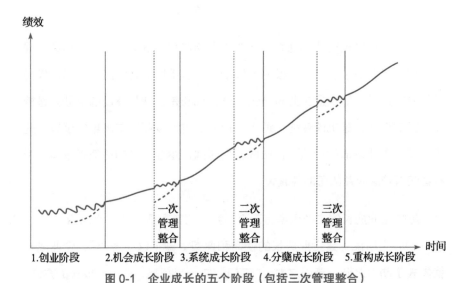

图 0-1　企业成长的五个阶段（包括三次管理整合）

图 0-1 中，横轴代表时间。它有起点无终点，意味着企业成长是永无止境的（当然，不断有企业在不同的阶段退出或消亡）。纵轴代表绩效。它可以用销售及利润规模、资产规模等指标来衡量，也可以是数字化指标背后的企业能力和优势评价（只能定性）。五个阶段的划分标准，是企业不同阶段的主要成长特征及成长动因。创业阶段，企业为生存而探索机会；机

会成长阶段，企业主要依靠外部机遇而成长；系统成长阶段，企业成长有了组织、能力以及整体系统的支撑；分蘖成长阶段，企业在技术、顾客以及其他资源的基础上，按照相关原则拓展多元业务；重构成长阶段，企业在原有主业老化的背景下，重构战略和组织，通过变革实现成长——在新的起点上二次创业、重新出发。

用战略关键词概括这五个阶段，那就是：机会、机会、能力、能力、机会—能力。

企业成长中的三次管理整合

企业成长五个阶段中，除了成长之初的创业阶段和二次创业的非封闭最后阶段（重构成长），其余三个阶段都会在过程中产生、积累各种风险及其背后的管理问题，因此需进行管理整合——组织架构、文化、流程、体制、机制等的调整变革，以及团队建设、人才培养、领导力提升等。有些优秀企业边"成长"边"整合"，成长曲线和整合曲线并行，即"边开车，边修车"。但更多的企业，在快速成长的时候，通常会忽视风险及管理问题（有些问题在企业高歌行进时也暴露不出来或不能充分暴露出来）。只有当成长停滞、增长乏力时，才会发现问题积累多、深、久。如果不着手处理和解决，就无法超越所在阶段、迈入新的航程，甚至有可能退出。因此，三个主要成长阶段后期，都需进行管理整合。第一次管理整合，以组织能力建设为主题；第二次管理整合，以体制变革为主题；第三次管理整合，以组织范式转换为主题。它们的基本目的和宗旨在于激发组织活力，增加组织能量，促使组织重生。

每次管理整合（实际上，"创业"和"重构成长"全阶段都在进行管理整合）消除了进入下一成长阶段的障碍——也就是说，后一个成长阶段是前一个阶段管理整合的产物。因此，将管理整合置于下一个成长阶段的前期也未尝不可。但无论"边开车，边修车"，还是"车歇了，再修车"，也无论"修车"时间长短、属于哪个路段，都不会影响管理整合的存在以及理论分析的逻辑合理性。

企业成长的阶梯和循环

从动态角度看，"五阶段"企业成长模型具有以下含义。

第一，企业成长是企业从较低级发展形态向较高级发展形态的递进。五个阶段代表着企业成长从低到高的阶梯，从前一个成长阶段进入下一个成长阶段意味着企业生存模式、竞争能力的升级。"较低""较高"发展形态的标志，一是战略层面的经营模式（包括商业模式）以及动态赶超（竞争）方式，二是组织层面的架构、机制和形态。由此可见，企业成长既是战略的展开，也是组织的演进，这两者是相互关联和依存的。从这两个角度，我们书中描绘出了企业成长的长卷（如图 0-2 所示）。

成长阶段	创业	机会成长	系统成长	分蘖成长	重构成长
战　略	捕捉机会的随机成长	营销驱动、抓住机遇的突发成长	基于系统能力的快速成长	共享资源的相关多元成长	面对不确定性的二次创业
组　织	胚胎组织	激情组织	高能组织	分合组织	叠加组织

图 0-2　战略、组织两个层面的企业成长阶梯

第二，企业从前一个成长阶段进入后一个成长阶段需经历管理变革。只有变革，企业才能踏上更高级的成长阶梯；不变革，企业只能长期徘徊于原先的成长阶段直至最终出局。当然，变革是艰难、曲折的，如果变革失败了，企业也无法实现成长阶段的递进。每个成长阶段之间的边界，就

是一个过滤机制。它像一张布满障碍、铁刺的渔网，能够游过去的鱼少之又少。基于此，书中每个成长阶段分析的基本逻辑是：本阶段的含义——本阶段的战略主题及行为——本阶段的组织特征及管理要点——本阶段的主要风险——面向下阶段的管理整合。

第三，企业从初始的创业阶段到最后的重构成长阶段是一个轮回和循环：从终点又回到起点。每一次轮回、循环都是一次螺旋式上升。这也意味着，企业有可能打破生命周期理论所描绘的衰亡宿命。人的生命是不可逆的（当然，某些宗教理论并不认同这一说法），但是企业生命是可逆的——变革和创新可以使企业重生。从系统论角度看，熵（无效能量的测定单位）的增加将使组织趋向覆亡，但我们可以通过开放组织、汲取外部有效能量、坚持做负熵活动从而使组织永葆活力。

实践和逻辑的相互印证

我们在本书中提出的企业"五阶段"成长模型，源于中国优秀企业的成长实践，是其成长经验的总结。同时，这一模型也折射出企业成长的环境特点。我们研究了多个行业数十家头部企业，还原其成长轨迹，大都具有五阶段递进的特征。例如，华为、美的、海尔、TCL、中集、汇川技术、歌尔股份、顾家家居、安踏等。有些优秀企业，长期专注于主业，未经分蘖成长阶段，从系统成长阶段直接进入重构成长阶段。除此之外，有些企业各个成长阶段的区分不是很明显和清晰，也并非所有企业都会依次完整地经历五个阶段（浓缩、跨越、并行等情形都会存在）。我们的模型主要是针对中国企业典型成长过程、情境的分析，并不能囊括所有企业的成长实践和例证。

除实践依据外，本书企业成长模型也是符合理论逻辑的：模型中蕴含了三组矛盾，其呈现（矛盾出现）和融合（矛盾解决）构成了我们的分析框架。第一组矛盾是战略和组织的矛盾。战略牵引组织，组织支持战略；两个齿轮的咬合运动，是企业成长的动因。例如，当企业进入机会成长阶段、战略是营销驱动时，相应的组织必须是激情组织，否则不可能快速、有力地将市场机遇转换为企业收益；当企业处在系统成长阶段、战略是复制成功时，相应的组织必须是高能组织，否则不可能在主航道上高歌猛进……换个角度看，每一次组织变革，都为下一阶段的战略性成长打下了基础，创造了条件。第二组矛盾是战略层面的"机会—能力"。从企业成长初始阶段（创业、机会成长）的"机会牵引能力"，到中间航段（系统成长、分蘖成长）的"能力创造机会"，再到再创业阶段（重构成长）的"机会、能力互动"，体现了矛盾主要方面的动态转化。第三组矛盾是组织层面的"组织化—反组织化"。从创业阶段的"前组织"（胚胎），到机会成长阶段的非规范（激情）组织、系统成长阶段的正规（高能）组织，组织演进的基本方向是强化组织一致性、提高组织复杂性；但从分蘖成长阶段的分合组织到重构成长阶段的叠加组织，组织演进的基本方向则变成了多中心、网络化、有机化和弹性化（可称之为"反组织化"），其中蕴含着否定之否定的意味。

我们的分析方法是将企业实践和理论框架（模型）结合起来，相互印证：不削足适履，避免将企业鲜活的实践塞进既有的模型，也不放弃抽象——通过合理的理论建构揭示企业经验背后的机理和规律，尽可能做到理论符合实践但又能指导实践。

关 于 本 书

本书的目标读者是企业各级管理者、管理学研究者以及其他对企业管理感兴趣者。

按照理论和实践相互印证的分析方法，全书在结构上分为两篇。上篇分析说明企业成长模型中的五个阶段（包含三次整合），既有特征概括、事实描绘，又有策略建议。这是全书的原理部分，其以适用、实用为导向。下篇是华为、美的两家优秀企业成长过程的全景案例介绍。这是基于企业成长阶段模型对华为、美的成长经验的整体和系统研究。

本书是施炜主持的《中国企业成长导航》课题的研究成果之一。该课题是开放式的，目前仍在进行之中。参与者有：彭剑锋、施炜、苗兆光、夏惊鸣、陈明、王祥伍、邢雷、郭伟、曹朝霞等。本书中的企业成长模型由施炜在课题讨论中率先提出（首创），苗兆光在框架基础上做了补充和细化。课题开始时苗兆光所做的基础研究，对课题成果的产生起了重要作用。如果以人名对本模型命名的话，可称之为"施炜—苗兆光企业成长模型"。

本书由施炜、苗兆光合作完成。两人的分工是：导言、上篇（第一章至第五章）——全书的原理部分，由施炜撰写；下篇（第六章、第七章）——全书的案例部分，由苗兆光撰写。附录"学界关于企业成长阶段的研究"由苗兆光编写。

··· CONTENTS···

目录

下 PART 篇

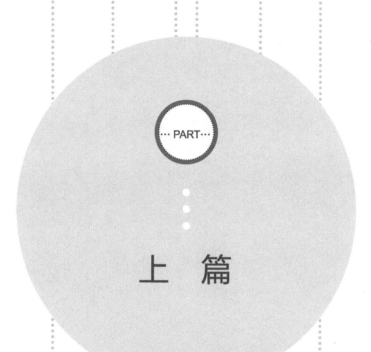

PART

上 篇

创 业 阶 段

创业阶段的成长特征

创业是企业从无到有的过程。从企业创始人萌生创意、成立公司、寻找创业伙伴、整合初始资源，到企业能够向市场提供产品（服务），形成持续、稳定的收入……这是一段充满艰难和不确定性的风险航程。在黑暗中徘徊、向着微薄的晨光突围奋进、在绝望和希望之间震荡，构成了企业创始人以及创始团队的主要生存状态。

相对于后续的成长阶段，处于创业期的企业差异殊大。就创业者的起点而言，有的一穷二白，有的衔玉而来；有的仓促上马，有的准备充分；有的仅仅带着想法、蓝图，有的已经具有一定的经营资源（技术、客户、资本等）……就创业期企业所处业务领域而言，有的属于科技前沿，有的属于成熟产业；有的针对潜在或刚刚萌生的需求，有的则适逢需求曲线拉升（站在需求"风口"）……就创业期企业的商业模式而言，有的来源于模仿以及模仿基础上的二次创新，有的则是全新的创意……尽管创业的内容、形态、路径如此不同，但我们还是可以概括出企业创业阶段若干共同特征。

第一，创意驱动和牵引。创业者创意属于战略萌芽，其本质是对市场需求的假设，对竞争环境的假设，对顾客价值以及顾客价值创造方式的假设，以及对自身及团队能力、资源的假设。创意或许来自于模仿，或许来自于移植，或许来自于前瞻和洞察，或许来自于特定情境（场景）下的领悟及被动反应，甚至来自于异想天开。通常情况下，创意受外部环境的触动和影响。创业者或是看到了没有被满足的需求（痛点）以及某些没有被解决的社会问题，或是发现了被忽视的细分市场，或是掌握了独特的资源（如技术）可以为满足"痛点"需求、解决社会问题提供新的价值方案，或是基于闲置的社会资源发明了共享模式。例如，一家医疗企业的创业者，发现在广大农村，农民的日常多发疾病的诊断与治疗仍然依赖于村医。诊疗这些常见病，最大的问题不是村医薄弱、非系统化的医学教育，而是因医学设备的匮乏和简陋造成大量误诊和不当治疗。于是这位创业者研发出一种把各种常见疾病检测化验集成在一起的医疗箱，大大降低了村医的采购成本，提高了诊断精确度。再例如，一位曾经长期在电力企业铁塔安装工地上做工人的创业者，偶然发现电信企业的铁塔安装远远落后于其所在的电力企业，"费时费事不安全"。如果把电力企业的经验和技术带到电信企业，将会大大降低铁塔安装成本、缩短施工工期、大幅降低安全事故概率。他找到电信企业，给出了超乎其想象的价格、工期承诺。十年后，这位创业者创立的公司，已经成为年收入超过 10 亿元的知名电信工程施工与服务商。

第二，商业模式试验、产品（服务）试错、资源能力检验。这是创业阶段企业经营活动的主要内容。任何一个创业创意或设想，其主要内容是商业模式的设计以及产品（服务）的定位。其可不可行，与现实情境和条件是否吻合，其逻辑是否坚实可靠，都需经由实践检验。创业之初发现的社会问题或未被满足的需求、设想的解决方案，可能很快会被证明不切实际：要么问题已经不是问题，要么已经有人捷足先登，要么商业上根本行不通，要么问题太大、远远超过了创业者驾驭的能力。好在创业团队有梦想、有激情，总会有好的创意出现。

商业模式试验主要有两种方式。

一是逻辑论证。即根据对外部因素（顾客、需求、竞争等）以及内部因素（技术、资金、人才等）的基本判断，分析商业模式是否成立、是否可行。具言之，创业者需通过逻辑论证，对以下问题做出回答：产品（服务）的需求集合是否真实（需求是不是真的存在）？需求规模以及需求强度是否能支撑稳定、持续的商业模式？能不能创造出契合顾客认知、情感为顾客所需的差异化价值？即使有了创新性、差异化价值定位，它们能否在符合品质要求的前提下连续生成和供给？能否形成市场领先的时间差和空间差？有没有独特的资源和技术优势？资金供给能否跟得上？核心人才能否获得？等等。许多创业者的商业模式设想明显逻辑不通，其实没有必要再到实践中去尝试。

二是试点运作。即选择较小的空间范围和部分（样本）顾客，进行商业模式的实操测试，证明事先假设是否成立；在测试过程中，调整和修改起初的商业模式设想；并且积累经验和资源（尤其是人才资源），为试点证明可行的商业模式的大范围复制打下基础、准备条件。商业模式的试点工作需深入、细致，结论真实、准确，不能有倾向性地刻意搜集有利数据和论据。只有这样才能避免大规模复制、推广时的盲目、浪费及拖延。

任何商业模式都以产品和服务为载体。产品（服务）的测试除了概念论证（商业模式逻辑论证的组成部分），最主要的方式是试错，即将产品（服务）推向市场，试试"错"还是"不错"；将"错"试出后，根据顾客意见反馈，不断改进和迭代，使产品（服务）逼近、抵达理想和极致状态。

创业之初，企业创始人及创业团队通常对商业模式落地、产品（服务）价值实现以及项目推进过程中的困难以及所需资源估计不足，而对自身的能力估计过高。因此，在创业阶段，需对资源和能力进行检验，动态地完善、弥补和增添。

从众多企业创业实践看，一部分企业创业之初就有较为清晰的战略设想，其后的成长轨迹也基本符合初始的路径安排。另一部分企业——数量可能更多——创业初期战略设想较为模糊，或者即便有战略设想，但在创业过程中不断调整变化，后来进入的领域、驶入的航线和最初设想相去甚远。以互联网企业为例，京东、百度创业时有清晰的标杆，长大之后还是能看出初生时的轮廓，但奇虎360公司却是长大后变成另外一个样。

2005 年，周鸿祎和齐向东在创立奇虎公司时，本来定位为"搜索技术提供商"，主营业务为帮助各大社区、论坛增加搜索功能，希望在百度、谷歌、雅虎三大主流搜索引擎之外开辟出一片"垂直搜索市场"。几经尝试，效果不尽如人意。直到 2006 年 7 月，奇虎 360 推出一款 360 安全卫士，以反流氓软件为切入口进入互联网安全市场，一举成功，也从此确定了奇虎 360 的主营业务"互联网安全业务"。从搜索到安全，跨度之大，远远超出创始团队成立之初的设想。

第三，过程具有不确定性。除极少数资源丰富、目标清晰、模式先进可行的幸运者外，大部分创业者的创业历程都很艰难（很多企业家多年之后常常会不胜感慨地回忆创业的峥嵘岁月）。吃了上顿没下顿，是创业期企业的常态；明天的早餐在哪里，是创业者时常面临的严峻问题。突然来了一个"大订单"，全公司都会"嗨"起来，兴奋地认为好日子就要来了；紧接着很可能几个星期、几个月没有订单，公司一下危机重重，被倒闭阴影所笼罩。为了生存，不少创业期企业方向多变，今天做这个，明天做那个，用"投机主义"策略应对外部的不确定性。

机会主义虽然有时能解创业过程中的燃眉之急，但影响企业经营的连续性和方向的一致性，影响战略性长期目标的实现。在按"机会主义"策略四处觅食、多方突围的同时，创业者需注意两点：一是在众多机会中辨识具有未来意义的战略性机会。任正非刚创业时，主要做贸易，也没什么方向；一个偶然机会，开始代理香港某公司的交换机产品，从而发现通信设备巨大的市场前景，开启了华为通信之路。二是在寻机会、求生存的同时，对看准的战略方向要有定力，处理好短期目标和长期目标的关系，在一些与企业长期发展相关的基础要素（如技术、顾客资源等）上投入时间、精力和资源。

创业成功的三要素

在充满不确定性的环境中创业，成功或多或少都有运气的成分。"运气"意味着偶然和随机。很多人都在思考这样一个问题：如何提高创业成功的概率？

近年来，在互联网和"第三次工业革命"的时代背景下，全球主要经济体创业活动方兴未艾、蔚然成风。资本（天使投资、风险投资等）提前、深度介入，使创业期企业的资源条件和内部治理都有了很大改善，使创业期企业的战略图景及商业模式更加清晰和可行（众筹和孵化），使创业的成功率提高了，但也使创业的门槛抬升了。理论界针对创业活动，也提出了一些新的战略主张。例如"精益创业"理论（埃里克·莱斯），提出创业的三大工具："最小可用品"（满足最基本功能的产品）、"客户反馈"以及"快速迭代"⊖；"从0到1"创业理论（彼得·蒂尔），强调创业期企业需聚焦细分领域，压强于关键价值和关键资源，快速构建竞争壁垒⊜。还有学者提出"瞪羚"企业的概念，瞪羚是生活在非洲草原上的一种羚羊，头小，速度快，能够瞬间跃升。瞪羚企业是指很快度过探索性的创业期而进入快速增长轨道的企业。

⊖ 埃里克·莱斯.精益创业［M］.吴彤，译.北京：中信出版社，2012.
⊜ 彼得·蒂尔，等.从0到1［M］.高玉芳，译.北京：中信出版社，2015.

小米公司的创业实践给了我们很多启发。小米的崛起可以称得上奇迹。没有那么多悲情，没有那么多曲折，浓缩创业过程，短短几年手机等业务一举突破，迅速进入全国乃至全球领先阵营。我们依据小米经验，从战略角度将创业成功的关键因素概括成一个三角模型（如图1-1所示），即"人""钱""事"。

图 1-1　创业成功三因素

（1）高能粒子，即高素质的核心创业团队。其中包括核心管理人员和核心技术人员。核心创业团队与创始人团队可能是叠合的，也可能核心创业团队范围更广一些。创业期企业在达到一定的规模之前，很难建立起组织功能，必须依赖核心团队。换句话说，核心团队是创业期企业最为关键的资源和能力要素。核心团队的能量和质量，决定了创业期企业能走多远。

日本管理学家大前研一，在做日美企业比较研究时发现，美国企业通常在达到10亿美元的规模时会出现增长停滞，往往需要盘整几年才能恢复增长。而日本企业到了1亿美元左右的规模就会出现这种状况。大前研一认为，出现这种情况的最主要原因在于两国创业者的眼光和格局不同。美国社会的成功标准比日本社会高得多，使得美国企业家创业之初进行业务布局时，视野更宽阔、视线更长远。大前研一的研究同样可以解释，为什么中国很多创业期企业早早就出现了增长停滞。

雷军认为,小米团队是小米成功的核心原因。创业前半年雷军花了至少 80% 的时间找人,幸运地找到了七个牛人合伙。创始团队中,三个本土人才加上五个海归精英,全部都是技术背景,当时平均年龄 42 岁,分别来自金山、谷歌、微软、摩托罗拉等企业,经验非常丰富,大都具有管理较大规模团队的经历。创业期小米没有林林总总的管理部门,其核心团队成员按专业职能(研发、供应链、营销等)做了分工,企业的价值链就在较高的水平上运行起来了。这就是人才链带动价值链。另外一家目前已上市的科技型企业汇川技术,创业团队共有 19 名成员,其中 16 名来自华为,并且研发、制造、营销各模块人才的构成比较均衡。这样企业成立之初,价值链各环节和板块都有能力匹配的创业团队成员领衔负责,创业成功几乎成为确定的事情。

在中国文化传统下,核心创业团队通常具有内缘化特点。所谓"内缘",是指创业团队成员在创业之前曾经有过一起工作、生活的缘分。他们或是同一家族成员,或是同学同事战友。换个角度看,企业创始人往往从熟人圈子里挑选创业伙伴。这一方面可能是不得已而为之(只能在熟人圈里找),另一方面也是为了减少沟通、磨合成本。这样做,创业团队成员彼此之间天然具有信任关系,有利于形成授责分权的管理机制——都是知根知底的人啊!内缘化创业团队也是其成员未来长期合作的基础,有利于企业领导体制的稳定和统一。不足之处在于可能造成组织文化封闭、固化。

此外,核心创业团队的内部结构对创业成功有重大影响。这不仅是指我们前面提到的价值链各环节、各专业板块的创业团队成员构成，而且是指不同领导能力、不同个性、不同特长创业团队成员的有机合理配置。有人擅长决策，有人擅长执行；有人擅长对外，有人擅长对内；有人擅长经营，有人擅长管理；有人天马行空，有人脚踏实地；有人唱红脸，有人唱白脸；有人关注"事"，有人关注"人"；有人举重若轻，有人举轻若重；有人似一团火，有人似一潭水；有人敏捷热情，有人老成持重……只有这样，才能使高能粒子（核心创业团队成员）彼此撞击、相互配合，使创业期企业高速、高能。

在创业的艰难过程中，生死存亡会不断考验创业团队，不断有人离开，也会有新人加入。像小米、汇川技术那样，创始之初就有成建制的核心创业团队的情形并不多见，大部分创业期企业的核心团队是在创业过程中逐渐形成的。和商业模式、产品（服务）一样，核心团队也需要试错。

（2）加速器。高能粒子需要加速器才能增加自身的动能。狭义的创业加速器，是指创业期企业所拥有的资源（资金、技术等）。广义的创业加速器除资源外还包括资源整合起来产生效能的企业内部机制（包括治理机制、利益机制以及文化机制等。本章下节将专门说明）。我们这里主要分析创业所需的资源。

从技术资源角度看，企业创始人或核心团队成员是新技术的发明者或拥有者，这些企业天然具有技术优势。但是它们少之又少，凤毛麟角。大部分创业期企业起步时并无多少技术资源，因此资金资源就变得殊为重要了。因为资金在某种程度上是人才和技术的一般等价物。如果一无技术、二无资金，创业基本上是空中楼阁。雷军曾经说过，只要有足够多的钱，创业就不会失败了。但大部分创业者并不是能在资本市场呼风唤雨的雷军，因此，制订资金需求计划、采取有效方式筹措资金、谨慎高效使用资金，成为创业成功的关键行为。我们见过一些创业期企业，项目前景可期，但因缺少"最后一口气"（资金枯竭），倒在黎明前的黑暗中。在此提醒一些创业者，即便得到天使投资、风险投资等，也要珍惜资金，切忌"烧钱"。胜利，往往在于最后的努力之中。创业时期，既要以空间换时间（迅速突破成长），又要以时间换空间（确保生存）。而不竭的资金是创业期企业生存的保证。互联网领域，有些处于创业阶段的企业其业务模式具有潜在独角兽的属性，它们创立不久就有可能获得几十亿甚至百亿资金。为了尽快上市，这些企业需在较短的时间内将钱花出去以构建垄断性优势。这对企业创始人和创始团队资金使用及业务拓展能力是巨大的考验。这种创业模式本身也蕴含着巨大的风险（例如 ofo）。

（3）商业模式。技术领先型企业，创业成功的主要关键因素是技术壁垒的厚度以及以领先技术为依托和基础的顾客价值优势。这类企业当然也要注重商业模式创新——为技术插上翅膀。但是对大量无技术优势的创业期企业而言，商业模式创新则成为创业成功的关键。能为顾客创造更好、更多价值的商业模式既易于被顾客所接受，也利于吸引资本的关注。

创业期企业商业模式创新，通常体现在两个层面：一是商业模式总体形态和结构创新，例如将价值链商业模式变成平台、生态型商业模式，将规模化生产分销的价值链模式变为个性化定制价值链，将自有资源开发利用模式改为社会资源共享利用模式，等等。小米生态链模式就属于这一层面的创新。二是特定业务商业模式某些构件和环节的创新，如目标市场定位创新、顾客价值定位创新、价值生成机制和价值链结构创新以及资源能力开发方式创新，等等。当然，这一层面的创新，随着业务的展开和延伸，它有可能转化为总体层面的创新，例如抖音从短视频内容服务，会逐步变成社交网络，美团从媒体变成电子商务等。

总体性、结构性商业模式创新，对大部分创业者和创业期企业而言是可遇不可求的，逮着一只商业模式独特、未来有垄断可能的独角兽更是小概率事件。可行的商业模式创新绝大多数属于第二层面的局部创新。从外部市场看，这种创新的需求更加直接和迫切——它们往往属于特定场景下的顾客痛点。其中最关键的创新是目标市场定位创新以及与之相关的价值创新、连接模式（传播、沟通、互动模式和渠道模式）创新。近年来在白酒市场上迅速崛起的江小白，面对以往不喝白酒或喝白酒不多的年轻人，提出时尚白酒的价值主张，挖掘白酒的社交功能；借助社交网络与顾客互动，动员粉丝参与文案创造；同时，注重渠道网络的布局和零售终端的展示。这一套商业模式创新组合拳，是江小白创业成功的重要原因。除江小白外，近年来一批面向消费者（to C）的创业期企业（如三只松鼠等）在网络、社群、现场三度空间内通过与顾客交互方式的创新取得市场成功，在不太长的时间内就跻身于行业前列。

创业阶段的组织：胚胎组织

创业期企业的首要任务是在试错中寻找生存之道。商业模式需要不断迭代、修正，核心团队也需要在大浪淘沙中形成。此阶段的企业组织从规模、结构、功能等角度看，还谈不上是真正的组织，而是规模较小、结构简单、力量薄弱的团队（有的朋友称之为"团伙"），我们可以将其命名为胚胎组织：蕴含组织的基因，但还没有发育成熟。

胚胎组织没有复杂的结构，层次扁平，分工模糊，规则简明；其形态主要为任务型团队。它们是弹性的，根据创业过程中的特定任务将人员组织起来，企业创始人及创始团队成员也参与其中——可能是小组负责人，也可能只是普通组员。由于小组人员规模较小，相互关系透明，管理方式具有直接、融合的特点，小组内的评价、分配相应较为简单。与此相关，创业期企业需要一些简明的管理规范和管理机制，但无须构成庞大的管理体系。

如果我们从企业长大成人后的角度溯源观察尚是胚胎状态的组织，一定会发现：胚胎中的基因对企业未来成长、演变有着决定性的作用。这些基因是创业期企业基础性、底部性机制。它们是整合资源、凝聚团队的主要手段。它们构成了企业成长最底部、最初始的基石，从源头上对企业未来发展的可能做了设定。笔者有时将其称作企业的"宿命"。

胚胎组织基础性的机制主要有三个。

（1）基本治理机制。

基本治理机制主要回答所有权、控制权如何配置以及战略性决策如何安排的问题。所有权指的是谁在法律上拥有公司的资产，即公司的股东是谁。改革开放初期的创业期企业所有权一般集中在创始人手里，近年变化的趋势是所有权在创始人、投资者和重要员工之间分配。控制权是指谁对公司重大事务进行决策，即公司在谁手里。一般情况下，我国企业所有权和控制权是统一的。股权集中的企业通常不存在控制权问题。但一些新兴互联网企业及高科技企业，一方面需经过多轮融资引进投资者（这势必稀释企业创始人及创始团队的股份），另一方面需保持最终决策的统一性和权威性，因此出现了所有权和控制权不一致的状况，即控制权大于所有权。换句话说，股权分散而治权集中。股权分散的创业期企业，其创始人可以通过股份代持、表决权委托等方式掌握控制权。这种权力结构，既有一定的制衡，也有充分的集中和统一意志，在中国文化背景下具有一定的典型性。例如，京东集团 2017 年年报显示，截至 2018 年 2 月 28 日，创始人刘强东持有京东集团 15.5% 的股权，拥有 79.5% 的投票权；腾讯持有京东集团 18% 的股权，拥有 4.4% 的投票权；沃尔玛持有京东集团 10.1% 的股权，拥有 2.5% 的投票权。也有创始人依靠影响力来控制企业，其控制权和微小的股权几乎没有关联。需要指出的是，企业控制人的控制权可以部分授予经营团队。如果权力授予较多，则实现了控制权和经营权、战略决策权和例常决策权的分离。这比所有权和经营权分离，在专业化分工上又进了一步。

创业期企业治理机制的核心是既要保护企业家精神，又能避免控制人过度膨胀。企业家精神是创业期企业九死一生的精神动力，一旦被束缚，创业成功几无可能。但是，"企业家精神"有时与肆无忌惮、自我膨胀如影随形，没有必要的约束，也可能将创业期企业拖入无底深渊。乐视网就是一个例证。反过来，创业期企业在股东层面或创始团队层面，不能针对重大事项设置多个一票否决权。否则，当企业内部出现利益矛盾时，轻则相互掣肘、形不成合力，重则贻误机会、葬送企业前途。

与商业模式一样，创业期企业的治理模式和创始团队结构以及自身的能力禀赋紧密相关。2002 年成立的广东奥马电器公司，创始团队五位成员创业时已经是冰箱行业不同领域的专家，在供应链、研发、营销、制造、资源整合领域各有所长；在设计治理结构时，采用了股权上相对平均、控制权相对集中、经营层面分散决策的治理模式，这一安排帮助奥马电器在家电这一"红海领域"取得一席之地，并于 2012 年成功 IPO（initial public offerings，首次公开募股）。也恰恰因为股权分散，无人对企业的长期利益负责，2015 年创始人团队将他们在公司的大部分股权以及控制权转让给了某互联网金融企业。

创业期企业治理机制不仅包括正式的制度、协议和约定，还包括创始团队在创业过程中形成的默契和惯例。有的企业有多个创始人，他们共同决策、共同管理，相互之间既有必要的共识，也能在自己擅长的领域内独立决策。例如，某上市公司一位创始人深沉厚重，偏重于战略、组织及重大人事决策；另一位创始人开放豁达，偏重于外部资源的整合和公共关系的开拓维护。还有很多企业是夫妻档创业，两位创始人既是爱人又是伙伴。有一家上市公司，男性创始人（丈夫）视野开阔、举重若轻，长于业务布局、资源整合、人力动员；女性创始人（妻子）思维细密、举轻若重，长于企业运营、技术判断。他们的分工没有明确的界定，双方在相互补位中完成决策，看似不科学，却有效避免了公司在创业过程中出现重大失误。

（2）基本利益机制。

这是团队机制中的动力装置，包括企业的股权安排（结构）以及利益分配形式（如工资、奖金、分红、配股等）。

改革开放早期成立的企业，绝大多数股权高度集中，创始人控制着大部分股权。企业可能出于融资及其他需要，向外部投资者开放部分股权，但对内部员工却是封闭的。激励的主要方式是薪酬奖金以及利润分享等。这种激励机制有利于保持股权和控制权的稳定，减少企业权力基础架构、基本制度层面的冲突；弊端在于缺乏长期利益结构的开放性，不能使员工对企业资产形成真正的关切，也不能使员工关注企业的长远目标。换句话说，股权集中不利于形成内部凝聚力强、利出一孔的共同体。

有些企业，如华为、温氏等，创办之初就采取了开放的股权激励模式。业绩卓著、表现优异的员工不仅可以获得工资奖金，还可以得到股权投资机会。这些企业股权激励范围宽阔，股权可以在一定范围内流动，既节约了企业的现金支出，降低了企业成本构成中的人工成本，又起到长期利益绑定的作用。2000年之后兴办的互联网企业，受硅谷企业的影响，按照资本市场的规则，大多采用"创始人＋风险投资者＋员工（一定范围）"的股权结构。不过，在新的语境下，员工股权激励已演变成共享型的"合伙人计划"。后者激励方式比前者更为丰富（通常包括前者），可以适用更多情境，也更加强调合伙人共治。无论股权激励，还是合伙人计划，均需对激励对象范围、激励对象结构、股份在不同激励对象之间的分布、利益兑现方式、权益流转途径，以及激励的强度、有效性等进行周密、平衡、富有智慧、体现战略导向原则的谋划和设计。

目前许多创业期企业都有资本市场上市的梦想。而股权激励只有在上市变现的情形下才有真正的价值。这种模式自然有强大的杠杆效应，但也有显而易见的弊端：一是如果企业长期上不了市，若没有符合预期的利润分红，激励的作用就会衰减。二是为了冲击上市目标，企业创始人、创始团队以及员工都有可能出现行为失范和扭曲。例如，短期资源消耗过大，基于补贴的顾客价值不可持续，流量、销售及财务造假等。

（3）基本文化机制。

这是胚胎组织深层次、隐性的机制。创业期企业的文化尚未定型，但是创始人及创始团队成员初始的价值理念、思维方式、行为方式、心理契约等，蕴含了企业日后兴衰成败的重要密码。正如澎湃的大江大河都源自于涓涓细流，伟大的企业也都能回溯至创业之初的文化基因。理想主义创业者，必然在企业身上打上情怀的烙印；使命型创业团队，通常不会因局部的挫折而放弃奋斗；在市场激烈竞争中崛起的创业期企业，其敏锐多变、快速反应的风格将会影响企业后续的若干个成长阶段；而创业期如果存在投机理念，很有可能成为未来持续健康发展的隐患……

基本文化机制由以下四个机制构成：一是企业创始人及创业团队

所遵循的处理外部市场、竞争、合作等关系的基本规则。华为"以客户为中心"的指导思想，是华为从胜利走向更大胜利的最核心的保证。目前具有普适性的原则除客户导向外，其他还有"双赢互惠""相融共生""理性竞争"等。二是企业创始人及创业团队对内部关系和基本组织规则的约定，包括企业与员工关系准则（如平等、尊重、分享、"以奋斗者为本"等）、企业内部人际交往和沟通的原则（如就事论事、实事求是、当面沟通等）、员工评价和激励理念（如业绩面前人人平等、"不让雷锋吃亏"等）、干部选拔任用规则（如"上甘岭上选干部"、变相马为赛马），以及会议议事规则、重大战略性决策的程序等。这些约定虽然在创业阶段并不系统和完善，但它们是企业以公正和科学为指向的内部长治久安的基础。三是创业精神和创业文化氛围：每个创业者对梦想的热情，对业绩的渴求，不折不挠的勇气，艰苦奋斗的作风，"胜则举杯相庆，败则拼死相救"的团队意识……共同构成了高密度、高能量的创业文化之场。几乎任何人，只要进入其中，精神层面就会被感染和塑造，就会自觉认同和践行创业文化。华为之所以基业长青，与这个文化场始终存在、从未损减有关。四是创新和进行文化选择的内在意识。有些创业期企业的创始人以及创始团队，在企业成立之初，就有较强的文化自觉：知道自身需要什么文化；同时能不断学习，吸纳和选择新的文化；遇到环境变化、趋势转折时，总是能先人一步，提前做出变革。这种文化机制的意义是不言而喻的，它是企业变革成长的内在动力和依托。

　　上面四方面文化机制涉及许多价值理念和精神要素。概要来说，创业文化有三个要点：市场理念、创业精神和灵动风格。

愿景型领导：讲故事的能力

创业期企业的创始人遇到的最大挑战是，在业务方向处于探索之中、业务模式没有走通时，如何让员工和相关利益者相信企业有未来。如果没有"相信"这一基础，企业的目标机制、激励机制等就很难建立。

创业成功的优秀企业家，大多具备愿景型领导力。那些富有激情、精力充沛、善于描绘未来、与员工分享梦想的企业创始人，具有更高的成功概率。愿景型领导通过高远的目标、宏伟的抱负唤起创业团队对未来的信心、追求，以及责任感、使命感，使员工向着超出想象的、似乎遥不可及的目标和理想不断前进，使创业期企业形成强大的内在动力。华为的创始人任正非、小米的创始人雷军都在这方面表现出超凡的能力。后来成为华为轮值CEO的郭平就曾回忆说，当初加盟华为完全是因为"和任老板聊了一晚上之后，相信以后的通信行业一定会有华为的一席之地"。而那时的华为，还仅仅是一个销售额在千万级的贸易商。雷军创立小米时，同样面临"规模小，甚至连产品都没有，如何组建极强的团队，如何让员工和投资人相信小米能做大"的问题。雷军采用的是"笨办法"，一个一个谈，"花大量的时间"，"平均找一个员工要花费10个小时"，最终雷军建立起一个雄心勃勃、志向高远的创始团队。阿里巴巴的创始人马云在创业伊始就提出了若干个宏大目标：要建立一家生存百年的公司，要建立一家为中国中小企业服务的电子商务公司，要建成世界上最大的电子商务公司，要进入全球网站排名前十。马云的过人之处，不仅在于表达和描绘梦想，而且在于将其移植、注入了创业团队的精神世界和心智空间之中，使他们同样为梦想而燃烧和奋斗。"梦想还是要有的，万一它实现了呢！"普普通通的一句话，会让多少人热血沸腾。

愿景型领导欲使创业团队"相信"梦想，主要取决于以下两点：第一，梦想不是天马行空的臆想，而是有客观依据和逻辑结构的。只不过"客观依据"是在更长远、更宏阔的时空背景下发现和洞察的，"逻辑结构"是更贴合未来趋势、更具解释力、更有穿透力的认知范式。这并不意味着企业创始人都需要是理论家，他们的创业蓝图往往来自于直觉和智慧。任正非的梦想依据和逻辑是"全球通信领域技术创新，网络更替和需求爆发"；马云是"海量厂商、海量用户基于平台和网络的连接"；雷军则是"新生代消费者的价值追求"。对企业创始人来说，梦想要有想象力，但梦想还需真实——一种本质的（底部性的）真实和预见性的真实。第二，大的梦想由小的梦想组成；企业创始人通过实际行动和一步一步的成功，使创业团队确信梦想可以变为现实。"跟着×总打胜仗"是创业团队信心之源。企业创始人当初说过的"大话"，一个个都实现了，创业团队中的"老人"信念无疑会愈发坚定。一批批有理想的新人在这一过程中不断加入，不仅丰富了共同愿景的内涵，而且将企业不断推上新的高度。"梦想—实现—新梦想—再实现……"是企业从小到大、从弱到强、从庸常到卓越的内驱成长之路。

创业阶段的企业风险

本章前面我们提过，创业期企业的基本目标是"活下来"（生存第一），而主要的风险也是生存风险。其来源主要有两个：一是商业模式不成立或不完全成立，产品（服务）市场试验失败。共享单车创业期企业就存在这方面的问题。二是资源和能力不足，尤其是"浅钱袋"（钱包里的钱不够厚）的制约。需要特别指出的是，许多企业创始人，自身并不具备企业家能力（本人未必自知）。创业期的实践，对这一残酷的事实做了证明。

创业期企业的管理问题相对少一些。一方面是因为团队人员规模小、组织复杂度低，另一方面是因为团队有激情、有冲劲——这是所谓的"去 KPI""去流程"的背景。但导致创业失败的内在问题，最主要的是核心团队的磨合。很多创业期企业都上演了从"中国合伙人"到"中国散伙人"的悲剧。而这背后，又有两方面的原因：一是创业时凭感性认识人、理解人，理性不足，未能事先严格、细致讨论确定合作规则，尤其是对权力边界、责任边界和利益边界的划分。其结果是，遇到困难时，不能同舟共济（有的弃船先逃）；稍有收成时，为一些小利益而相互猜疑甚至反目成仇。二是未确立核心团队共同遵守的核心价值观，未能有效地构建团队文化基因。核心团队成员基本价值观不一致，不仅增加合作过程中的沟通成本和协同成本，而且会导致企业在战略方向、基本组织规则上的分歧，使合作无法持续。只要散伙，就证明创业期企业未形成众望所归的领导核心。创业期企业的创始人或创始团队中的某位成员——领导核心角色的扮演者，如果缺乏领导力，不能把控局面，就不可能带领创业团队取得成功。

除以上根本性风险因素外，其他一些观念层面以及由其衍生的运作层面的风险因素主要有：

第一，底线过低。由于创业期企业的目标是"生存第一"，那就很可能为了生存而忽略手段、途径的合理性、合法性。一些创业期企业为了原始积累，把道德底线拉得过低，甚至违法经营，那就很有可能遭遇"颠覆性"风险。某些互联网创业期企业为了吸引流量，弄虚作假、内容低劣、恶意攻击，开办不久就夭折了。这方面的教训值得汲取。

第二，目光短浅。创业过程不仅是业务扩大的过程，也是信用积攒的过程。很多创业期企业由于短视，为以后的发展埋下不少地雷。虽然短期内可能赚了"一桶金"，却失去长远的机会。一家数亿规模的服装企业，已经数年停滞不前，创始人请来很多国内外著名咨询公司帮忙，先学丰田模式，再学 ZARA 模式，却成效甚微。因为无论是丰田模式还是 ZARA 模式，成功的关键都在于稳定可靠的供应商和经销商关系，以及相互之间一荣俱荣、一损俱损的策略联盟。但是，行业内到处流传着这家企业早年拿积压服装抵供应商货款、将呆货烂货压给经销商的故事。这些创业之初的恶例，导致它很难与合作伙伴形成相互信赖的共赢关系。真正应了一句话：境界决定前途。

第三，过于早熟。一些企业的创始人在创立公司时，由于缺少创业经验，很容易将创业工作理想化。表现之一是，向大企业学习，采用成熟企业的做法，束缚住自己的手脚，削弱了创业期的原始野性。如果企业创始人来自于大企业，则更容易出现这种倾向。一个做光学镜片的创业公司，本来赶上了智能手机爆发的大风口，但企业创始人喜欢按照流程、制度办事，一开始便引入规范的管理制度以及"晨会、周会、月会、工作日志、出差周报"等完备的管理举措，很少走出公司、深入市场，也很少与一线员工沟通交流。创业数年，该公司一直打不开局面，最终陷入困境。而几乎同时创业的另一家做同样事情的公司，创始人身先士卒，"白天和客户泡在一起，死盯订单；晚上和员工泡在一起，死盯生产"，用两年左右的时间争到了主流客户的订单，销售额超过两亿元人民币，并且成功地进行了两轮融资。

机会成长阶段

机会成长的含义

企业家朋友，恭喜你从创业阶段的风险旋涡中闯出来了。从我国一些优秀企业的成长经验看，企业之舟的下一段航程是机会成长阶段。其主要特征是：企业成长的主要原因不是企业内部的资源和能力，而是外部的市场机会。这是市场红利作用下的成长。处于这一阶段的企业，解决了业务定位、商业模式等基本战略问题，面临良好的市场机遇，成长的确定性提高了，只要不犯常识性、基础性错误，经营业绩和规模将会不断跃升。这就是人们常说的从 0 到 1 之后的 1 到 10、20……

我国改革开放 40 多年来，许多民营企业在起点很低、基础薄弱的情形下长期保持业绩较快增长，显然依赖于中国社会经济转型背景下千载难逢的市场环境。华为创始人任正非对华为早期的成长原因和特征有这样的分析："华为成长在全球信息产业发展最快的时期，特别是中国从一个落后网改造成为世界级先进网、迅速发展的大潮流中，华为像一片树叶，有幸掉到了这个潮流的大船上，是躺在大船上随波到今天，本身并没有经历惊涛骇浪、洪水泛滥、大堤崩溃等危机的考验。因此，华为的成功应该是机遇大于其素质和本领。"[一]我国目前经营规模（营业收入）超过千亿的民营企业，大部分属于房地产、家电行业，从一个侧面证明市场机会对于企业成长的意义。詹姆斯·C.柯林斯和杰里·I.波拉斯在《基业长青》一书中，经过对"一组杰出的、经历岁月考验的公司"对比研究后发现，"高瞻远瞩公司的部分最佳行动来自试验、尝试错误和机会主义。"[二]

从企业成长的逻辑和实践看，大多数企业走出创业阶段后，只能进入机会成长阶段；由于自身能力、资源以及有关条件的限制，其成长不可能逾越这一阶段而进入下一阶段。这就意味着企业成长初期（包括创业阶段和机会成长阶段）需要找到一个外部机会以及经历一个幸运周期。创业阶段的艰苦探索，就是为了寻找市场机遇。而创业阶段结束的标志就是幸运周期来临，企业虽然还是一艘小船，但开始进入风景诱人、前途远大的发展航线。换句话说，企业如果没有外部机遇的眷顾，就会一直在创业的路上进进退退、徘徊挣扎。进入机会成长阶段，企业如果能不断积累实力和经验，打磨团队和组织，建立初级的管理体系，形成文化基因，就会为未来做大做强打下坚实的

㊀ 任正非.北国之春 [J].经理人杂志，2001（8）：96-99.
㊁ 詹姆斯C柯林斯，杰里I波拉斯.基业长青 [M].真如，译.北京：中信出版社，2002.

基础。

企业家在企业机会成长阶段，主要的战略任务是在发现、认识机会（这是创业阶段的主要任务）之后，把握、利用机会，将机会转化为企业实实在在的业绩：在与机会的互动中，把企业成长曲线拉升起来；同时，进一步巩固商业模式，并使经营规模达到商业模式产生效益的最低要求（例如，量本利模型中盈亏平衡点所对应的生产及销售数量）。

什么是机会

对企业来说，机会是来源于外部市场及产业的，有利于其业绩增长以及发展壮大的特定情境。这些情境，其内容包括三类：一是市场容量增长，二是竞争环境改善，三是关键顾客资源出现。

我们先来分析"市场容量增长"。

市场容量增长，即需求数量增加、需求规模扩大。在容量增长（增量型）的市场上，所有的参与者都有可能分享增量利益。从需求（集合）的范围看，有的对应于较大的产品（服务）品类（如汽车、家电），有的则对应于较小的产品（服务）品类（如汽车中的家用轿车、家电中的冰箱，而家用轿车和冰箱还可做进一步的细分）。产品（服务）品类从大至小，其市场容量增长则分别具有产业层面的意义和细分领域的意义。前者意味着产业中的所有参与者获益，后者意味着产业中细分产品（服务）品类的参与者获益。

增长中的需求,从其生命周期的演变轨迹看,有的属于成长期前端(段)的需求,有的属于成长期中后段的需求,有的可能曾经进入成熟或衰退期但又经过拐点重新增长……它们各有不同的背景和缘由。下面我们列出部分情形,供读者参考。

第一,宏观经济体的重大体制变革和结构调整,或城市化、工业化的进程,引发总需求以及从上游产品(服务)到下游产品(服务)各个领域需求持续快速增长。这属于历史性机遇。重大战争(灾难)之后的全社会需求恢复,也可归入这一机遇类型。撇开战争情形不论,工业革命以来,全球范围内这样的需求狂欢曾几番上演。而中国企业近几十年来也参与、经历、见证了一场总需求爆发的盛宴。

第二,随着国民收入以及全社会人均收入增长,某些产品(服务)的需求经过一段时间的酝酿、发酵,开始进入上升轨道(即需求生命周期曲线的成长阶段)。其影响因素主要是产品(服务)消费、使用的需求主体——个人或机构——范围扩大、规模增加,以及消费、使用的场景增多。例如,近年来我国家用轿车的需求。

第三,在多种因素作用下,全社会在某些时期会出现婴儿潮。这些时期的新生婴儿数量显著大于其他时期。随着时间推移,婴儿潮将演变为不同内容的消费潮。婴儿潮中出生的人口,在其全生命周期的需求演变过程中,无论是婴幼儿时期的奶粉、尿布等产品需求,还是青少年时期的教育等服务需求……都有可能出现相对高位的量值甚至峰值。

第四,新生代人群成为社会消费主体力量,走到了市场前台;他们引领着消费潮流,使相关需求从无到有、从小到大。如果没有90

后、00 后消费人群的崛起，恐怕抖音等娱乐性社交产品不可能如此快速地膨胀，嘻哈等艺术形式也不可能如此火爆。

第五，随着社会文化的演变，新的文化潮流会不断催生出新的需求。它们或许快速兴起快速退潮；或许较长时间内保持增长态势；或许时兴时落，呈周期性变化……近年来，健身运动、碎片时间读书（听书）等需求兴起，与社会文化的变迁密切相关。

第六，当新技术晋级、新知识扩散或产品（服务）供应链上某些要素（如材料、工艺、设计等）改善之后，新产品（服务）的价值超越了原有产品（价格更低、品质更好、性能更优……），出现了新产品（服务）替代旧产品（服务）以及需求量此长彼消的局面。而新旧产品（服务）替代过程中，通常会出现需求量的放大。

第七，产业下游如最终消费环节需求量增长，引发上游多个环节和领域需求量增长。这是我国汽车、住宅、家电等众多产业多年来一直发生的故事。

第八，国家宏观经济政策以及产业政策，对有关领域（如基础设施、社会事业、环保装备、新兴产业等）产生积极影响，从而使这些领域有关产品（服务）需求上升。例如，基建投资增加了，施工机械的市场容量也会相应增加。

我们再来分析"竞争环境改善"。

所谓竞争环境改善，是指在不考虑需求量变化的情况下，供给侧竞争者数量减少、竞争强度减弱、竞争结构调整、竞争规则进化、竞争方式改变等，对产业参与者的有利影响，以及对企业业绩提升的正面作用。主要包括以下几种情形。

第一，当过剩产能去除殆尽、参与者大幅减少、萧条期结束时，周期性产业会进入复苏和繁荣阶段。恰逢其时的参与者（无论是上一轮周期的剩者还是新进入者）都会面临这些产业的景气机遇。

第二，政府政策调整使产业进入门槛提高（参与者减少），或使部分参与者退出，继续参与者因此获得更大的市场空间；同时，由于竞争减弱、垄断上升，继续参与者有了获取超额利润的可能。近年来与环境保护相关的化工、印染等行业就出现了这种状况。

第三，产业中的主要参与者由于战略调整或经营不善等原因退出，或者市场业绩节节下滑，为其他参与者市场份额提升提供了机会。许多产业的后进入者之所以后来居上，一个很重要的原因在于领先者犯了错误。

第四，产业竞争格局中，部分战略群组（同类参与者的集合）整体出现比较劣势，那么其他具有比较优势的战略群组就有可能大面积超越。处于优势战略群组的企业，可以利用群组的总体势能，得到群组内部的帮助。

第五，市场竞争者结构发生变化，新的参与者替代了原先的参与者；新参与者改变了博弈规则和竞争方式，使部分乃至全部参与者分享规则进化的红利。显然，当劣币驱良币变成良币驱劣币后，良币的机会就到来了。这也从一个侧面证明了产业开放、动态竞争的重要性。

第六，如果产业中的参与者提供给顾客的价值，长期保持在较低的水平上，或者顾客的关键需求长期未能得到满足，或者现有参与者长期采用滞后于市场变化趋势及竞争要求的商业模式及运作模式，那么这个产业的参与者就有可能被外部新进入者降维打击和颠覆。这是新进入企业以及后发追赶企业的最大机会。正是在这样的背景下，有的企业家认为：几乎所有行业都可以重做一遍。

下面，我们分析"关键顾客资源出现"。

前面所述的"需求增长"和"竞争环境改善"机会，对所有参与者或大部分参与者是均等的。但是，"关键顾客资源出现"的机遇是个别企业或某些特定企业所专有的。所谓"关键顾客"是指在企业从创业阶段转向机会成长阶段的关键时刻，对业绩突破具有重要意义甚至决定性作用的顾客。我们这里所说的"顾客"，既包括企业与之发生交易关系的客户，也包括企业产品（服务）的用户。大部分情形下，两者是统一的。在消费品领域，顾客与消费者基本同义；在工业品领域，顾客往往被称为客户。从产业链角度看，上下游合作伙伴通常也被称作客户。所谓"出现"，是指这些关键顾客是现实存在的，并且已经来到企业面前，可以找到与之接触的纽带和桥梁。顾客资源出现并不意味着一定能获取。好比一座青山出现在登山者面前，它是登山者的机会，但未必每个登山者都能登上山顶。

"关键顾客资源出现"具体包括以下几种情形。

第一，企业通过多种合法途径获取了目标顾客资料，或者可以借用其他合作伙伴的顾客流量，即构建了顾客流量池。

第二，现有分散化的顾客资源可以通过一定的动员和组织方式归拢和集合起来。不仅有了顾客信息和流量池，而且有了整合、开发的途径。

第三，目标顾客本身具有或强或弱的组织化属性，有可能高效率地整体开发。

第四，重要顾客在企业社交或关系网络之内。这种情形虽有偶然性，但通过策略性的社交网络拓展和维护，重要顾客进入其中的概率会有所增加。

第五，企业成长之初结识的顾客伙伴逐渐成为产业中坚乃至领导者。这种机遇最为难得，也最为宝贵。几乎每一个成功企业，都有偶遇、开发关键顾客的传奇故事。从某种意义上说，企业成长的确需要运气。但运气不是等来的，不是天上掉下来的，而是通过一系列战略行为寻找来的、谋划来的。走向市场，融入产业和顾客，是发现机会的主要途径。

如何将外部机会转化为现实增长：营销拉动

机会往往是不确定的，是在环境变化中产生的，是朦胧难辨的，是稍纵即逝的。正因为如此，真正抓住机遇、实现机会成长的企业少之又少。当机会出现时，企业的战略任务是尽快地将机会转化为业绩；战略目标是在一定的资源、能力限制条件下，最快、最大限度地获取市场份额（在某种程度上，是获取商机份额）。

记得大约 1999 年，笔者等为 TCL 集团提供管理咨询服务时，李东生曾经对我们说过：当初$^{\ominus}$决定做彩电时，可以说一无所有——既没有工厂，也没有技术力量，唯一拥有的就是市场资源。而将市场资源转换为业绩，需要有中间桥梁，即创新性的商业模式。好比大海中的

$\ominus$　20 世纪 90 年代初。——作者注

鱼群涌上来的时候，需要采用新的捕鱼方式。商业模式的含义是创造价值、获取收益的方式。对大部分处于机会成长阶段的小型企业而言，很难创建新的平台型、生态型商业模式（不是完全不可能，但成功概率较低），因此商业模式创新的重点在于价值链（或价值流）的结构及形态。由于此阶段的企业通常缺少研发（技术）以及供应链（制造）优势——否则就不需要依赖机会成长了，商业模式创新的重点在于价值链（流）的后端——与顾客连接的环节，即营销及顾客关系环节。可以说，机会型成长就是营销拉动的成长。

从我国一些优秀企业的成功经验看，通过营销创新获取顾客资源的主要模式和方法有：

第一，掌控渠道价值链。这是大部分中国消费品企业的崛起模式（如 TCL 彩电、格力空调、六个核桃饮料、OPPO/vivo 手机等）。其要点是：依据中国多层次立体市场的特点，自建区域分销机构，或与区域社会分销渠道结盟，将管理的触角延伸至零售终端层面；甚至更进一步自建零售网络，和顾客发生联系。整个渠道链条由制造商（品牌商）控制：制定合作规则，掌控和安排商流、信息流和物流。制造商向渠道网络赋能，给予其强劲的动力（渠道伙伴有较高的利益回报）和沉重的压力（向渠道伙伴下达逼近资源、能力极限的业绩任务），使渠道链条充满张力和能量。同时，在零售终端以及其他现场（如小区、楼盘、村庄、广场等）与渠道伙伴共同举办各种主题性营销活动，实现顾客引流和促进销售的目的。这种以渠道为中心、以零售终端等现场为依托吸纳顾客资源的模式（通常称之为深度分销⊖），

⊖ 施炜.深度分销［M］.北京：企业管理出版社，2018.

虽然面临零售业整合、电子商务扩张等挑战，但至今依然具有生命力。

第二，构建社交型顾客共同体。互联网时代，大量现实或潜在顾客流连于互联网社区、微信社群等社交网络。这为构建虚拟顾客共同体、汇集顾客流量创造了条件。小米等品牌在互联网上与目标人群互动，开放组织边界动员顾客参与产品价值创造，积累了规模庞大、联系紧密、互动频繁的顾客社群。从小米等企业的实践看，基于互联网的顾客共同体通常有以下几个要素：一是共同体成员的定位，即吸纳哪些成员进入共同体；二是共同体的主题和基本价值，即共同体的标签；三是共同体内部的互动、交往规则；四是共同体的进入途径，即共同体入口；五是共同体利益，包括物质利益和心理（精神）利益；六是共同体内部传播的内容；七是共同体的典型事件/活动，既包括线上活动，也包括线下活动。社交型顾客共同体的形态包括网络社区、微博及微信社群、顾客会员群体等。

第三，建立深度垂直的电子商务及O2O体系。随着社会经济发展，需求集合的细分程度以及顾客需求的个性化程度不断提高。在此背景下，基于细分顾客主要依托互联网引流的深度垂直电子商务应运而生。这种模式在定位于细分市场、深度理解目标顾客的基础上，不断创造出特色鲜明的产品（服务）差异化价值，满足顾客的个性化需求；通过互动和服务，使品牌和顾客的关系不断深化，达到彼此交融的境界。其顾客购买途径则以线上（包括移动互联网）电子商务网站为主（也有品牌开发线上线下双渠道）。猫王收音机、小狗电器、科沃斯扫地机器人、Lativ诚衣服装、韩都衣舍服装等是这种模式的典型案例。需要指出的是，在美国电子商务版图上，亚马逊等平台所占份额只有 30% 左右，其余 70% 的份额均属于垂直型电商。而我国情况正好相反。这在一定程度上说明我国垂直电商具有广阔发展前景。随着顾客共同体（顾客社区、社群）成为所有企业营销模式的必备构造，深度垂直的电子商务体系将会和社交型顾客共同体融为一体。

第四，用"新零售"争夺、挖掘顾客资源。当线上顾客流量份额不再提升、获客成本越来越高时，阿里、京东、腾讯等互联网巨头以及一些新兴互联网企业纷纷投资兴办线下"新零售"，以此作为整合传统零售产业、汲取顾客资源的重要举措。盒马鲜生等"新零售"企业从创办之初即经过周密的研究和筹划，几乎越过创业阶段直接进入机会成长阶段。在"新零售"面前，顾客体验以及顾客关系管理乏善可陈、僵化滞后的"老零售"，毫无抵抗力，不断出让市场领地。"新零售"运用物联网技术、大数据技术及人工智能技术，将线上数据与线下数据打通，进行精准化、人性化运作，丰富并创新顾客体验。它就像一个吸盘，尽可能将更多的产品（服务）品类吸附其上；同时，整合上游供应资源，使产品（服务）要素和顾客要素两者相互增强。可以预见，更多的制造商（品牌商）亦会进入零售领域（前向整合），尝试"新零售"。

第五，聚焦、压强于局部市场。机会成长型企业，自身的资源能力有限，不可能面向所有机会处处触及、四面出击；只能将注意力和资源汇聚在局部市场，集中力量，以非对称竞争提高胜算。这里所说的"局部"，可能是广阔市场中的局部地区，也可能是顾客总体中的局部群体。聚焦意味着专业、专注，压强意味着决心和力度。顺丰速运走向全国之前，在珠三角地区采取网点密集、线路密集、班次密集的压强策略，动员社会驾驶人员带车入网（运送网络），迅速建立了区域竞争壁垒。20 世纪 90 年代初，华为交换机产品开发成功后，市场拓展也是从局部地区开始起步的。在局部市场尝试模式、积累经验、锻炼团队，然后在更大范围内快速复制，是企业机会型成长的重要路径。

第六，与重点客户结盟。企业从创业阶段转向机会成长时，欲实现业绩持续增长以及能力提升，一个重要经验是发现、选择具有潜力的重点客户并与之结成伙伴关系。显然，重点客户就是机遇所在。如果客户是产业领先者，那么与巨人同行的战略就会有力地牵引企业自身成长。我国电子产业中的一些优秀企业，如歌尔声学等，开发生产嵌入国内外著名品牌价值网络的产品（电子零部件），在与重点客户长期合作过程中不断发展壮大。

上面所说的几种模式，在企业实践中常常是混合使用的。近年来在市场上快速崛起的江小白（白酒品牌），既采用了"掌控渠道价值链"模式、"构建社交型顾客共同体"模式，也采用了"聚焦、压强于局部市场"等模式。在当前立体媒介和全渠道的市场环境下，只有多种模式并用，才有可能较大限度地将市场资源转变为实实在在的市场份额。

机会成长阶段的"以奇胜"

上述六种通过营销创新获取顾客资源的模式，属于机会成长型企业战略的重要组成部分。除此之外，在机会成长阶段，企业战略还包括其他许多内容。其主要含义是出奇制胜。此阶段企业成长的逻辑是：

不出奇，无以制胜；不制胜，无以生存。

"以奇胜"的战略要点主要有：

第一，在顾客细分上，将目标顾客精准定位于被主流（领导）品牌忽视但有一定需求体量和增长潜力的群体。近年来引人注目的一些新兴品牌，如OPPO手机、vivo手机、长城汽车、东风小康汽车等，市场定位是其成长的关键驱动因素。

第二，产品概念既迎合目标顾客的心理期待和需求痛点，又便于传播和输入顾客心智。例如，农夫山泉的"天然水"、公牛插座的"炫彩"、六个核桃的"补脑"等。

第三，模仿产业领先者。通过低价击破领导者的价值均衡（顾客得到的价值与顾客愿意付出代价之间的均衡），抢占市场份额；或者进行某些应用功能的创新（在缺乏核心技术的情况下，创新可能从应用层面开始），向顾客提供差异化价值，超越竞争者。

第四，围绕产品（服务），创作引发受众关注的话题和内容，或者设计与受众交互的活动和事件，在网络空间里"引爆"，实现指数级传播并与粉丝互动。小茗同学（饮料）、江小白（白酒）等品牌，通过IP（intellectual property，知识产权）创造流量、吸纳粉丝，是互联网时代"新营销"[⊖]的典型案例。

第五，市场运作灵活机动、快速多变——体现在产品（服务）品种更替、价格调整、动销事件策划实施等许多方面。速度冲击规模[⊖]，是

⊖ 刘春雄.新营销［M］.北京：中华工商联合出版社，2018；丁丁.深度粉销［M］.北京：人民邮电出版社，2018.

⊖ 包政，彭剑锋，黄卫伟，施炜.速度冲击规模［J］.销售与管理，2005（6）.

我国许多新兴品牌挑战国际领先品牌的有效举措。

以上战略要点，大多属于营销范畴。事实上，处于机会成长阶段的企业，战略的重心在于营销，其竞争优势主要来自营销策略[⊖]（我们称之为策略性优势，也可称为营销优势），企业的关键资源和关键能力也聚焦和分布于营销——所谓"针尖捅破天"。当然，许多企业在营销驱动增长的同时，也会发育、完善供应链及制造体系，但其成长方式总的来说是价值链的后端拉动前端。

需要指出的是，上面各战略要点中所列举例证，主要来源于消费品领域。与工业品相比，消费品的营销含量要大一些。但这并不意味着工业品企业不适合机会型成长的设定。我国许多处于行业领先地位的工业品企业大都经历了机会及营销驱动。华为这样的技术型企业，当第一条业务曲线（交换机）拉升时，既有技术驱动，也有营销驱动，后者的作用可能还更大一些。工业品企业营销驱动的方式，主要是融入客户价值链，理解和发现客户的差异化需求，保持产品的性价比竞争力，同时，形成服务优势。

机会成长阶段的组织特征：领导人驱动的激情团队

从创业阶段进入机会成长阶段，在产权关系上无论一股独大还是相对均衡，企业主要创始人（领导人）是企业成长的决定性因素。创业阶段，大部分民营企业的创业团队，素质参差不齐，是"一只狮子率

⊖ 施炜.企业战略思维：竞争中的取胜之道［M］.北京：中国时代经济出版社，2003.

领一群小狗"(小米群体创业的情形比较少见；即使群体创业，雷军也是主心骨)。企业领导人的视野、魄力、决断力远远超越其他人员，他们带领企业冲出蒺藜、突破瓶颈。当外部机遇出现时，通常也是企业领导人率先洞察，没有条件创造条件，通过商业模式创新及营销创新，奋力强拉、强推，使企业登上了新的台阶。这两个阶段（我们称之为企业成长的前期），都是英雄创造历史。

领导人驱动的情形下，企业是领导人的企业。此时，企业组织尚未进化成为正规部队，但已经有了组织的基本结构和运行机制。从运行特征看，机会成长阶段的组织，属于激情型组织。

第一，强势领导人高度集权，事无巨细，都是企业领导人说了算。价值链各个环节，创造价值的各个要素，经营管理的方方面面，都由企业领导人亲自掌握。

第二，流程化、规范化程度低，缺少管理体系，内部分工不十分明确，人治色彩浓厚。企业内部连接协同的基本方式是领导人的指令。

第三，机动灵活，注重机制。由于没有条条框框束缚，企业领导人决策多变，反应灵敏。在流程体系、管理制度不健全的情况下，为激发内部活力，面向一线营销等团队构建利益和自律机制（如承包制、利润分享制等），以机制替代管理。需要指出的是，前面所说的"高度集权"和"机动灵活，注重机制"并不矛盾。领导人驱动的团队，灵活机动是就领导人的行为而言的。也就是说，企业领导人既集权又多变。而利益、自律机制主要适用于一线营销团队和人员——它们是半市场化的，未被完全纳入企业内部。

第四，专业管理职能（如人力资源管理、信息系统管理、市场管理、供应链管理、技术管理等）薄弱。表现为专业职能机构、专业管理人才欠缺。当企业内部决策支持体系（职能体系）缺失时，企业领导人的集权、多变就难以避免。而长期以来形成的集权和多变惯性，又会妨碍决策支持体系的生成、发育。

第五，团队文化具有营销文化的鲜明特色。受外部市场竞争环境以及与环境互动方式（营销拉动、以奇胜等）影响，加之这一阶段企业领导团队的主要成员来自于营销及销售领域，团队文化张扬激情，崇尚"狼性"（这是典型的营销文化）和"亮剑"精神，强调速度变化，弘扬英雄主义，注重执行，偏好军队的有关仪式……这种营销文化有一定的军队文化色彩，但缺少军队文化的专业、理性特质，总的来说比较感性。

第六，组织规则隐含着情法理秩序。人与人之间的心理契约比法定契约成分更大。情感乃至义气是黏合团队的主要因素。与这种组织规则相关联，企业内部沟通很大程度上依赖于非正式沟通（私下谈话、聚会等）。

第七，以短期绩效为导向，采取霸道管理模式。高目标、高压力、高激励；不允许员工和企业讨价还价，不允许找完不成任务的借口；只问结果，不问或少问过程；重视效率；有时看上去混乱，但能收到"乱拳打死老师傅"的奇效。有的读者或许会问：机会成长型企业中有没有不采用霸道管理而采用王道管理的？王道管理一般是指儒家式管理：尊重、关爱员工，以德治企，中庸平衡；企业文化的基本类型是家文化。从概率上说，肯定能找到机会型企业采用王道管理的例证，但似乎不是主流。其实，霸道并不意味着不尊重员工权益；现实情况往往是：报酬很诱人，管理很霸道。

机会成长阶段的企业风险

虽然机会成长阶段企业面临良好的外部市场机遇，但并不意味着没有风险。当机遇突然来临，企业幸运地处在"风口"，被强大的市场及资本潮流迅速推上人员、销量、资产体量新台阶时，如果自身不能防范、控制、化解风险，很可能"其兴也勃焉，其亡也忽焉"。机会成长型企业的主要风险有：

第一，抢夺市场份额时，持续竞争力不足。企业通过营销模式创新，将市场资源转化为自身业绩，需一波接一波的持续市场冲击力。攻击的手段和途径包括新产品、营销推广活动、渠道资源（尤其是零售终端资源）争夺、社群运作等。有的企业前几波市场攻击很有成效，迅速打开了局面，但是如果产品力、服务力，以及市场运作资源、组织支撑能力跟不上的话，很可能昙花一现。一些互联网品牌借助于广告及话题快速积累了可观的顾客流量，由于不能持续创造顾客价值、引发顾客关注，很快就淹没在网络世界的喧嚣浪花之中。

第二，面对机会，在急切的绩效导向下，赌性过重，滑向冒险主义。中国民营企业家对市场的潮起潮落是很敏感的。长期处于机会时代，他们形成了这样的思维惯性——对失去机会的恐惧大于对过度追逐机会的恐惧。当市场机会到来，他们往往会过度反应：制定激进的经营目标，产能膨胀过快（超越管理能力），给予渠道伙伴以及内部营销团队过重的任务压力（这通常会导致市场行为扭曲）；资金杠杆率（负债率）过高（常常设置撬动资源的极限杠杆），容易导致资金链断裂；

缺乏战略回旋余地，各种经营条件的平衡都很紧张；急于求成，试图毕其功于一役；样板（根据地）市场积累尚不充分时，就急忙向全国推开……由于激进、冒进的经营策略和薄弱的管理基础之间形成明显甚至巨大的落差，企业发展欲快不能、欲速不达。

第三，浓缩生长、野蛮生长，致使企业成长进程受限。企业机会成长阶段业绩增长曲线往往是陡峭的。很多小企业在不太长的时间（比如两三年）内规模膨胀，许多矛盾和问题并没有暴露和展开，许多应有的能力也没有随规模提升，一旦出现外部竞争冲击或内部冲突（如高层的权力、利益争斗）就有可能导致组织分化甚至分崩离析。在"三步并作一步"的浓缩生长情形下，制度、流程、规范等控制因素跟不上前行的步伐，则容易出现管理失控，如大面积腐败、团队大规模流失等。此外，有的企业在激进目标牵引下，为了业绩增长不择手段，经常碰撞社会公德及法律法规的边线，最终因野蛮生长付出难以挽回的代价。

第四，企业领导人决策"一言堂"，战略性风险较大。前面我们曾经提到，民营企业的领导团队是"一只狮子率领一群小狗"，甚至是"一只狮子率领一群小羊"。企业领导人常常力排众议，事后的结果也证明老板总是对的。长此以往，领导团队中的其他人员会对企业领导人产生决策依赖，而企业领导人也形成了一言九鼎、无须商量的习惯。当企业内部缺少真正的讨论、辩驳机制时，企业领导人听不进去意见、一意孤行有可能酿成大错（战略性失误）。

第五，感性的、营销型的企业文化，包含着投机主义的基因。机会成长阶段有一定偶然性的成功，也有可能助长一些企业领导人的投机倾向。例如，强调变化变成了瞎折腾，强调速度变成了不切实际的超越，崇尚"亮剑"精神变成了唯意志论，灵活机动变成了凭感觉随意决策，注重文化变成了沉迷于不接地气、无法实施的空洞概念……投机文化是制约企业从机会成长阶段进入新的成长阶段的主要因素。

第六，企业体制和文化，妨碍能力发育和提升。首先，企业领导人高度集权的体制以及"家长型"组织文化，抑制员工（尤其是知识型员工）的内在积极性及能力发挥，也为真正高素质人才进入垒起了一面墙。其次，企业领导人集权和专业管理职能发育不足相互作用、互为因果，影响研产销各环节、人财物各要素效能提升，使团队和能力基础薄弱问题长期得不到解决。最后，由于企业文化基因中，科学成分不足，加之部分民营企业创始人文化程度较低，难以建立科学思维，难以认知和导入专业方法；针对全局性问题，也难以形成系统性的整体解决方案。机遇发展时期，企业狂飙突进时，这方面的风险往往被掩盖。

第七，企业内部的亚组织、亚文化，妨碍组织内在的统一性。一些处于机会成长阶段的企业，未经过现代工业文明、信息文明的洗礼，也未形成对各类人员、团队及机构进行融合、整合的制度平台，内部因自然关系（血缘关系、同乡关系、同学关系等）形成的亚组织"山头"或隐或现地存在，既影响公开、公平、公正制度体系的建设，也有碍于政策、计划的落地与执行。这种风险，可以称作组织化程度不足的风险。

以上各种风险，概括起来说，一是企业文化（理念、价值、习惯、氛围等）风险，二是组织能力（人员、团队、管理基础、资源积累等）

风险。存在风险并不可怕，关键要有化解风险的意识、决心和方法。如何解决上述问题，正是下一节的内容。

以组织能力建设为主题的管理整合

针对机会成长阶段企业存在的问题，同时为了尽快向下一阶段（系统成长阶段）过渡，有必要发动、进行企业成长漫长航程上的第一次管理整合（变革）。从逻辑上说，这次管理整合是机会成长阶段和系统成长阶段之间的过渡；但从时间角度看，它需要经历较长的过程，与机会成长阶段的业务发展交融在一起同步进行，并且可能延伸至系统成长阶段。

第一次管理整合以组织能力建设为核心任务和主题，目的在于使企业成长尽可能摆脱对外部机会的依赖而具有内在能力的依托和支撑。建设组织能力，不言自明的前提是企业需真正成为组织，即包含"组织化"目标；在此基础上发育企业成长所需的各项专业能力，并使企业整体竞争优势迈上新的台阶（从策略性优势至系统性优势）。主要举措有：

第一，健全组织架构，深化内部分工，完善职能部门，形成领导团队。这些举措，是为了实现"组织化"的目标，改变"企业家的企业"现象——企业家和企业的关系变成"企业中的企业家"[⊖]。初步发育起来的职能管理体系一方面为企业领导人（通常还是企业创始

⊖ 苗兆光．华夏基石组织发展白皮书［R］．2013．

人或创始团队成员）提供决策参谋和支持，使企业领导人从经验管理、直觉管理逐步转变为依靠职能体系的理性、科学管理；另一方面为"产、研、销、人、才、物"各项专业能力的培育提供保障。随着企业经营规模及组织体量扩大，为解决管理宽度问题，集权式管理的企业领导人也会配备若干副手，形成领导班子，改变了孤家寡人式的领导体制。但从一些民营企业的实际情况看，此时的领导团队成员，大都是帮助企业领导人抓执行、抓落实的，因此，分权体制并未出现。

第二，打造职业化团队，引进职业经理人。同时，开始进行有战略意图的人才开发，主要方式是引进和培养大学生。从一些优秀民营企业的经验看，建设以学生兵为主的专业技术和专业管理团队，在全社会专业人才供给不充分的情形下，是提升组织能力的必由之路。他们基本素质较高，可塑性较强；一旦留下来就会高度认同企业文化，并对企业怀有初恋般的美好情感。大学生中，可能隐藏未来的栋梁和领袖（他们自己也未必知道）。企业一旦提供了合适的土壤，他们就会成为创造价值的参天大树。

第三，导入和构建管理体系，使组织运行朝流程化、标准化、可控化方向转型；通过体系管理，避免"翻车"风险。管理体系是管理制度、规范、流程、方法、技术等的集成，具有整体性和"无人化"（独立于个人）的特点。⊖它是组织能力的重要载体，是价值创造的系统机制。华为的成功，与管理体系的建设是分不开的。对大部分管理基础薄弱的民营企业来说，可以从管理体系的 1.0 版本入手，不断完善和升级；也可导入、借鉴标杆企业的管理体系框架，在实践中细化和

⊖ 施炜. 管理架构师［M］. 北京：中国人民大学出版社，2019.

优化。

第四，将创业阶段萌生、机会成长阶段有所发展的企业文化基因，转变为可传播的企业文化文本；通过文本的宣贯落地，使核心价值观成为组织的内在结构性要素和底部操作系统。给自己立法，这是民营企业告别青春期的成人仪式。从此，在相当长的时间内，企业组织有了灵魂，有了方向和指南，有了基本共识和彼此承诺，有了敬畏和规矩。对企业领导人来说，这是自我境界的升华，是接受组织约束的标志。这是《华为基本法》⊖给我们的启示，也是中国优秀企业在文化多元时代背景下的独特经验。

第一次管理整合，意味着企业长大成人了。通过这次整合，组织规则从情法理逐渐转变为法理情，企业文化从感性型或者江湖型转向契约型。但是，对许多民营企业而言，完成这次管理整合并不是一件轻松和容易的事。相当多的企业就是没有通过这道坎儿，而止步于机会成长阶段，无缘下一段更加壮阔的航程。这一次管理整合中容易出现的问题主要有：

第一，引进的职业经理人水土不服；一拨儿来，一拨儿走；一拨儿又来，一拨儿又走；几番折腾，企业大伤元气。这不仅打击了原有队伍的积极性，也挫伤了企业创始人的信心和勇气。这里，既有"树"（外来的职业经理人）的问题，也有"土"（企业的管理基础、文化特征以及组织氛围）的问题，有文化冲突的问题，还有双方期望错位的问题（通常彼此的期望都过高或不准确）。⊜对许多民营企业来说，不引

⊖ 黄卫伟，吴春波，等.走出混沌［M］.北京：人民邮电出版社，2002.
⊜ 施炜.重生：中国企业的战略转型［M］.北京：东方出版社，2015.

进职业经理人未来发展无望，而引进则又缺乏人才识别、选择、使用、融合（或统称为驾驭）的能力，老板与职业经理人很难成为相互默契的事业伙伴（更不用说命运共同体了）。

第二，缺乏人才培养的长远目标计划和必要的耐心，针对学校毕业生的校园招聘迟迟没有启动或缺少力度（招聘人数少、学校档次低）。由于跟踪、辅导、培训等跟不上，大学生进入公司后作用不大，流失严重。这又更加削弱了企业领导人培养大学生的决心和信心。

第三，与引入职业经理人相关，企业的利益格局和利益关系比以往复杂，内部的离心力增强；同时，随着管理体系（尤其是各项流程）的导入，企业的运行效率不仅没有提高反而显著下降；看上去规范了，但签字多了，扯皮多了，事情反而难办了，小企业得了大企业病，管理成本也相应提升。这必然会增添企业创始人及管理团队对管理整合的疑虑。

第四，更深层的问题是，原先内部统一性强、自洽程度高（自圆其说）的企业文化发生稀释和变异：旧的价值理念未褪去，新的价值理念未建立起来，这种不同文化交织在一起的"中间状态"，影响企业的思想统一、行动统一，影响组织的凝聚力和战斗力。组织中的任何一种声音，都会找到反驳的理由和依据。这里不排除少数外部引进人员用貌似先进的文化理念包装、掩饰自己的无能（一些"质朴少文"的企业创始人无法识别，甚至附庸风雅地附和），当然也有可能是企业老的组织文化拖住了新的先进企业文化导入、树立的后腿。人员结构变化后，企业原有的内缘化天然关系和信任关系受到影响。"法理情"的契约、规则文化刚有端倪，但"情理法"的文化已经开始失效。

解决以上问题，关键在于企业领导人的自我超越：需要强烈的危机感、紧迫感；需坚定变革的信心，明确变革的方向，痛下决心，遇到阻力不动摇；需以更开阔的胸怀、更平等的态度接纳、包容人才；需花更多时间理解人、考察人、鉴别人并提升知人善任的能力；需摒弃机会主义，从更长远的角度，以战略性的眼光重视组织建设；需改变感性、随意、多变、粗放、凭感觉决策的习惯，真正做到尊重组织、尊重规则；在发育职能、构建体系的过程中，需把握平衡、注意分寸，以迭代方式不断升级进步；同时，需为自己找到合适的学习赋能的途径。在发育各项管理职能时，优先发育人力资源管理职能，在管理体系建设时，优先构建人力资源管理体系，从而为培养人才，提升能力创造条件，开辟道路。人的问题解决了，其他问题几乎都能解决。

系统成长阶段

系统成长的含义

如果企业顺利、有效地完成（应该是现在完成进行时）第一次管理整合，那么，企业家朋友，你所驾驶的企业之船将由快艇升级为真正的军舰（驱逐舰甚至巡洋舰），它将进入高歌猛进的主航程。潮平两岸阔，风正一帆悬。只要不出现重大决策及运作失误，企业主营业绩将会持续快速增长，并在本行业或细分领域内进入第一阵营甚至成为领导者。我观察美的（空调）、TCL（彩电）、华为（手机）等企业，在其成长过程中，都有突然加速、销售业绩复合增长率连续数年保持在30%以上（甚至50%～100%）的经历。在系统成长阶段，许多企业的业绩增速甚至超过了机会成长阶段。

系统成长意味着企业成长的动因主要不是外部的市场机遇和红利，

而是企业组织本身，或者说是企业整体系统。它有以下几个特征。

第一，企业成长仍然具有较好的外部市场环境。行业生命周期要么仍然处于成长期（很大可能是成长期的后半段），要么刚刚进入成熟期。外部环境和内部系统的强劲互动，是系统成长的基本图景和缘由。

第二，企业成长具有明确的战略意图。即企业已制定清晰的战略目标，知道向何处去；同时也清楚地知道成长的路径和方式，即如何实现成长。经过创业期、机会成长期的探索、试验，商业模式已被证明是和战略目标相匹配的，是和市场竞争环境相适应的，是具有独特优势的，同时竞争策略是可行和有效的。总的来说，目标明确，套路清楚，扩张有序。

第三，企业成长具有坚实的基础和支撑。到了本阶段，主营业务价值链各环节均已发育起来了。研发、制造、销售三大体系比较均衡，并驾齐驱，没有明显的短板。部分企业的研发系统由于起点较低可能还比较稚嫩和薄弱，但供应链、生产能力和营销网络（包括内部营销机构以及外部渠道网络）同步发展，达到行业先进水平。换个角度看，人力资源、技术、资金等要素对成长的支撑已较为稳固。

第四，企业成长具有一定的管理含量。经过前一阶段管理整合（构建管理体系、发育专业管理职能、建设专业团队）之后，企业成长从目标到过程均已受控，风险受到防范和抑制，企业运行基本实现流程化、规范化。当商业模式基本稳定之后，与之匹配的组织架构、机制亦已构建起来了。

第五，企业成长具有了战略视野。企业超越机会成长阶段之后，其经营活动通常开始具有国际化内涵：国外市场销售占了部分比重，初步建立起国际化的供应链，或者嵌入了国外著名品牌的产业链，研发组织有了一定的国际色彩……

处于系统成长阶段的企业，其竞争优势已从机会成长阶段的策略性优势递升至系统性（或要素性）优势。它以人力资源、资金、技术等要素为基础，主要依托组织能力而形成。外部环境一般性的波动，对具有系统优势的企业已不可能产生颠覆性的影响，即便遭遇重大波动，它们也有了超越大部分企业的抵御能力。

系统成长阶段的企业战略：复制成功

系统成长阶段，企业的战略任务是依托组织能力和资源投入，快速进行扩张，将局部市场的优势复制、移植至更加广阔的空间（全国乃至国外）；同时，不断巩固优势、扩大优势，形成一定的竞争壁垒。

这一阶段的战略行为——既是优秀企业经验总结，也是应然的操作建议——主要有：

第一，加大品牌传播的力度和强度，使品牌价值跃升，真正成为在目标顾客群体中有广泛知名度、美誉度以及认知度的名牌，在受众的心智空间中占据领先位置。同时，依托已有的顾客资源基础，真正实现价值链运动的顾客驱动：通过社交网络等中介，与顾客更加紧密地融合在一起；依据顾客价值链，完善与顾客交互的过程，将其信息化和数据化，具体环节和要素包括顾客需求驱动、体验驱动、关系驱动，以及顾客数据驱动、"端对端"流程驱动。再者，将渠道网络铺设得更加宽阔、细密、坚固，使之更加贴近顾客。这些战略举措都属于营销的范畴，是机会成长阶段营销拉动战略的延伸。

第二，构建供应链体系，建设与营销（销售）能力相匹配的制造能力。在系统成长阶段，全价值链企业通常会完成全国乃至全球的产能布局以及物流布局。由于市场机遇非常诱人，销售势能已经形成，一些企业不愿意因供应链问题影响业绩增长，也不愿意丢失来自制造环节的附加值，因此倾向于自建制造体系（这和某些专家的"轻资产"建议大相径庭）。通过拉长价值链，企业既可获得全价值链收益，也可保持全价值链总成本优势（TCL彩电、美的空调等企业，在系统成长阶段，都强调价值链总成本领先和差异化价值优势并存）。假如行业出现产能过剩，以购并方式获取产能是一条可行的捷径。当某些行业内部出现了制造平台（如电子消费品行业的富士康），提供最终产品的品牌商通常没有必要自建供应链。即便如此，出于供应链安全的考虑，一些企业通常也会保留部分产能。从企业安全和长期竞争优势角度看，供应链资产重一些是有意义的。

第三，在保持或扩大营销优势的同时，开始发育技术能力，形成营销、技术双轮驱动的成长态势。实践证明，在产业竞争的长跑中优势逐渐扩大的企业都是技术领先型企业。如果把企业成长比作火箭发射，初始的推动力量是营销，第二级、第三级推动力量则是技术。对中国企业如何实现技术进步问题，我们下一节专门论述。

第四，为防范、消解挑战者的"破坏性创新"⊖，以及"门口的野蛮人"（来自其他领域的新进入者）的颠覆性创新，必须对现有商业模式进行动态延展和深化，使其结构更加复杂，吸纳的资源更多，涉及的相关

⊖ 克莱顿·克里斯坦森.创新者的窘境［M］.胡建桥，译.北京：中信出版社，2014.

利益者更多，超越竞争的势能更大。例如，阿里的淘宝平台初具规模，就开始构建支付体系及物流体系；腾讯微信平台有了一定的流量后，各种应用以及衍生产品（如小程序）被不断开发出来。抖音等互联网产品（服务）的成长进程更加浓缩，功能的叠加和延伸使其从一个媒体属性较强的视频网站变成平台化的社交网络。相对来说，工业品商业模式，延展、深化的空间小一些，但还是有可能动态创新和进化的。例如深圳汇川技术公司，起初为客户提供通用控制产品，目前已过渡为提供行业定制产品。就消费品而言，商业模式从以产品为中心，到以顾客资源为中心，到以生态（平台）为中心，有一条清晰可辨的进化路线。⊖

第五，当企业主营业务蓬勃发展时，为企业之船添加充足的燃料和养分，给予其充分的资源保障。在系统成长阶段，企业资源战略的制定和实施殊为重要。这里的资源包括资金、技术、人才，以及其他有形、无形资源。这个阶段，企业通常会谋求上市，既筹集巨量资金，同时也可以提高企业声誉以及整合资源的能力。在人才战略方面，企业应扩大人才吸纳能力——扩大人才规模，提升人才档次。在技术战略方面，企业应依据技术进步路线，明确技术来源，通过外部合作和内部开发，快速积累技术资源。所有资源，需聚焦于主营业务：面向主航道，不把战略资源浪费在非战略性机会上。

企业技术进步：从模仿到创新

我国民营企业的最大短板和软肋是技术基础薄弱、技术能力不足、

⊖ 施炜.管理架构师［M］.北京：中国人民大学出版社，2019.

产品（服务）的技术含量较低。在系统成长阶段，乘着业绩增长的东风，迅速提升技术能力，是企业最重要的战略任务。华为、三星等企业对于如何实现技术进步提供了可借鉴和参考的经验。[⊖]

国内民营企业技术进步的起点通常是模仿。向行业中的技术领先者学习，逐步积累和提升技术能力，实现从模仿向创新的转变，几乎是所有后发追赶者的必由路径。这一过程非常漫长，也非常艰辛，并且永无止境，需在长期战略的牵引下，坚持不懈，积跬步以至千里。从战略角度看，企业技术进步的关键因素和举措有：

第一，远见卓识和勇气决心。远见是超长期（几十年乃至上百年）愿景、目标的追求，对影响企业发展关键性、基础性、长期性因素（主要是指技术资源和能力）的认知；卓识是对技术发展趋势的把握和洞见，以及对自身技术创新路径的精准谋划。勇气决心则是不畏困难、坚持到底、勇敢攀登、志在必胜的胆量和意志。远见卓识和勇气决心都是企业家领导力中的关键因子，这也从一个侧面证明企业领导人在企业技术进步中的首要作用。从韩国三星等企业的经验看，员工的奋斗精神、奉献意识以及组织的内部凝聚力，是企业技术进步的强大动因和源泉。

第二，技术创新的路径安排。这属于技术战略的范畴。我国企业通常的技术开发路线是：先应用后基础，先边缘后核心，先局部后整体。总之先易后难，积累实力后再去攻克更难的项目和课题。当然，也有企业成长之初直接从核心技术入手的。这两种路径都有可能成功，

　⊖　金麟洙.从模仿到创新：韩国技术学习的动力［M］.刘小梅，刘鸿基，译.北京：新华出版社，1998.

主要视企业的技术资源禀赋以及所在领域技术演变特征而定。

第三，外部技术来源选定以及对外技术合作。明确所需模仿、学习的技术从哪里可以获取，用什么合法合规的方式能够获取。通过有选择的、策略性的对外合作，动态把握技术引进、汲取的机会，点点滴滴地获取技术。具体合作形式包括外派学习、关键技术人才引进、联合技术开发等。

第四，全球人才战略和研发网络布局。与上述第三点相关联，企业根据技术创新目标和技术战略，需将技术人才开发的视野投向国际，尤其需重视留学人才；同时在全球范围内设立研究机构，形成研发网络。中小企业可以从国外个别的研发网点布局开始，逐步增加和扩充。目前，江浙有一些中小制造企业已经在日本、德国等地设置研究机构。

第五，组织力量和资源投入。攻克技术难题尤其是重大技术难题，不能零敲碎打，不能分散力量。需集中人力、物力，运用团队和组织的力量持续努力。主要以内生方式培养研发关键人才（不能信奉什么"不求所有，但求所用"的理念，因为真正的掌握核心技术的人才是极其稀缺的，大都已经被其他企业所用），培育多层次的研发团队。需加大研发投入，为研发活动提供充足的资源。目前国内技术型企业的研发投入一般占营业收入的 10% 左右，少数企业占到 10% ～ 15%。需要说明的是，技术型企业在资本市场很受欢迎，可以通过多轮融资以及 IPO 等解决资金问题。

第六，产品（服务）高附加值和高技术含量的循环。追求技术的企业，通常不会将产品（服务）定位于市场的最低端。只有产品（服务）具有一定的附加值，企业才有条件持续开发技术。换个角度看，正是因为持续的技术进步和创新，才使产品（服务）具有稳定的高附加值。这两者的互动和循环，使企业跳出了"低绩效（附加值）——低能力（技术）"的陷阱，是企业竞争优势扩大、市场地位提升的有效机制。此外，中高附加值产品（服务）通常面对中端顾客，顾客的高标准、严要求，倒逼企业短期迅速解决技术障碍。有条件要上，没有条件创造条件也要上，从而浓缩了技术吸收消化的过程。

系统成长阶段的组织特征：高能组织

经过第一次管理整合，企业已从游击队变成了正规军：职能型的组织架构基本稳定，专业管理职能机构较为健全；内部机构及职位的职责分工清晰明确；各项活动运行在规范化的流程轨道上……但是，仅仅正规化是不够的。系统成长依赖组织能力，因此组织必须成为特别能战斗、能打胜仗的高能组织。这是华为、美的、汇川技术、顾家家居等企业给予我们的启示。

高能组织有三个特点，如图 3-1 所示。

图 3-1　高能组织的三个特点

第一，高绩效。不能创造高绩效的组织显然不是高能组织。高绩效的衡量标志，除了营业收入、利润及其增速之外，还有顾客价值和企业价值。顾客价值在财务指标上表现为主营业务毛利率——凡是高能组织均有较高的毛利率；而企业价值则可以用资本市场的估值来测度，它代表了投资者对企业前景的预期。

第二，高能量。高绩效的原因是组织的高能量，即组织在激烈的外部市场竞争中显现的竞争力和战斗力。不管什么行业，高能量组织一旦进入，就能在较短的时间内赶超对手，形成、保持以及扩大竞争优势。从动态看，高能量是一种不可抑制地向前发展、碾压一切阻挡的态势。

第三，高能力。组织的高能力与组织成员的高素质有关。高能组织必然拥有一批高能力的个体，好比带电量大的高能粒子，这是高能组织的基础和前提。组织成员的高能力主要体现在独特的知识、解决问题的特定方法，以及高行动力、高执行力等方面。

从华为、美的、汇川技术、顾家家居等企业的经验看，打造高能组织的方法、举措主要有：

第一，选用优秀学生兵，主要以内生方式培养所需人才（参见第二章）。为从源头上形成人才优势，高能组织从全国（乃至全世界）最优秀的大学中挑选最优秀的学生。中国高校招生规模庞大，大学扩招使优秀学校与普通学校之间学生素质差距扩大（即使"985""211"及"双一流"大学，优秀学生和普通学生之间的素质差异也往往超过人们的想象）。鉴于此，高能组织普遍采用一流大学"掐尖""撇脂"的招聘策略，增厚（后备）人才红利。在操作上，用前置介入方式，如设置奖学金、安排实习、预先植入应知课程等，了解学生信息，增加招录优秀学生的概率。由于高能组织的人才培训培养体系及人才梯队比较完善，因此，对优秀学生加入之后的适应和成长，既有自信也有方法——在某种程度上，这是学生兵模式的前提。高素质的学生，犹如一张白纸，较少过往经验和习惯的拖累与制约，容易认同、接受企业文化；同时，学生素质越高，就越具有自尊和内在动力，也就越容易管理。这些都是高能组织人才政策的缘由。

第二，给予优秀学生兵待遇增量，充分利用薪酬杠杆。为吸引优秀大学的优秀学生加盟，高能组织通常会给出超出行业平均水平30%～50%（甚至更高）的待遇条件。一些优秀企业发现，如果高素质学生兵薪酬水平高出行业平均水平10%，其所创造的价值就会高出行业平均水平20%。这就是优秀人才的薪酬杠杆效应。最早发现这一效应的是华为、美的等企业。利用薪酬杠杆效应，不仅能创造超额价值，更重要的是，能够形成高素质人才的壁垒。华为成长之初，就有很多关于其用高薪"垄断"人才的传说。高薪酬必然带来高动力，这是高能组织的关键要素。

第三，提升组织的内部张力。首先，给予高素质学生兵较高的业绩和任务目标，响鼓也要用重锤。高目标意味着高压力。顶得住压力、完得成任务的就会脱颖而出；反之则淘汰出局。其次，采用不对称的利益激励政策，利益向关键职位及少数创造价值者倾斜，并且纵向差异较大（例如，普通主管年薪12万元，做到经理就是50万元，做到总监就是100万元，等等）。这两者结合起来，必然造成组织中基层竞争激烈、人员流动率较高。但在系统成长阶段，不必过于担心流动问题。在高绩效目标牵引下，在强劲的激励机制下，只要给人才一个舞台，李云龙式的领军人物就会出现。

第四，建立人才后备营。不过于担心人员流动的前提是后备人才充足。高能组织规划人才供给时，不是"一个坑一个萝卜"，而是"一个坑好几个萝卜"。同时，建立多层次的后备人才营机制。例如，管理序列的高层管理者、中层管理者均有接替的后备人选，但不是点对点接班，而是一群人对一群人接班。这样就可以避免在位干部打击后备干部的问题。从笔者的经验看，进入后备干部营的干部，能被激发出30%左右的绩效增量。后备干部一发力，在位干部必然在压力下积极进取。

第五，重视年轻人才的使用。高素质学生兵进入企业之后，经过一段时间的培养、锻炼，大胆提拔使用，使之在战争中学会战争。年轻人才思想解放，敢作敢为，往往能在不确定的环境中闯出新路。实践证明，企业使用的专业技术人才以及管理人员平均年龄比行业平均年龄小 3～5 岁，是具有竞争力的高效能人力资源模式。而投入产出比最差的人力资源模式是从名头很大的企业招录一些资历光鲜的人。他们到企业里来主要是为了资历变现，其实并没有真正的打仗本事。

第六，建设高浓度组织文化。高能组织是高密度文化之场，是奋斗进取的精神之场，是产生精神力量的加速器。学生兵以及其他人才，只要一进入这个场，就会被感染、同化和激发。而以学生兵为主体的组织，天然有较高的文化统一性和凝聚力。高能组织的氛围是热烈、透明和上进的，其成员具有强烈的建功立业愿望和超越竞争对手、一往无前的勇气。在这一成长阶段，企业文化依然是激情型的，但与机会成长阶段相比，多了一些理性的成分。高能组织有明显的军事组织特征，但由于主体成员是学生兵，因此又有一些校园组织的色彩。

概括起来说，高能组织主要由高素质人才和使之成长的土壤——管理体系——这两个因素决定。与人才相关的流程制度、体制机制设计是管理体系中最重要的组成部分。体系是人设计的，但反过来影响人、塑造人。在这两个因素中，体系以及其中的机制更重要。有了丰沃的土壤，一定能长出参天大树。

系统成长阶段的企业风险

企业在系统成长阶段，虽然较为顺利，但也容易产生一些对未来成长有不同程度影响的问题。在这一阶段，企业风险主要来自于内部，来自于企业领导人的管理方式。

第一，过于关注短期目标，忽视长期性、基础性的要素，缺乏旨在长远未来的战略性举措，即行为短期化。例如，在技术及核心能力上倾注的精力、资源较少，等到行业景气过去，才发现除了体量较大之外，并没有基业长青的真正基石（如技术积累、管理平台）。也就是说，企业经营规模大了，但内在的竞争能力并没有随之提升。这意味着企业在"做大"和"做强"之间不平衡，过于偏向"做大"——这实际上是"机会成长"的惯性和路径依赖。"做大"容易"做强"难，能"做大"为什么要下力气去"做强"？与目标短期化相关联，许多企业采取了不恰当的绩效管理：短期任务压力过大，迷信数字，关注结果和关注过程之间不平衡以及以考核替代管理，等等。不当的绩效考核，一定会引发扭曲的行为，势必催生、放大企业的经营管理风险，例如库存过大、应收账款过高、产品品质下滑等。有的民营企业由职业经理人操盘，但如果企业创始人（老板）不关注长期战略，对职业经理人采用短期绩效考核及激励机制，则很容易出现寅吃卯粮、业绩不实、设备过度损耗等机会主义行为。

第二，随着专业化的职能管理体系的发育和成熟，企业内部会滋生官僚主义。部门林立，本位主义严重，相互封闭和掣肘；重权力而轻服务；流程冗长，签字环节众多，但找不到真正的责任人；出现"过度管理"现象（会议多、文件多、控制点多），组织内部"熵"值（复杂度）增加，组织与业务脱节……总而言之，企业活力和效率下降，对外的攻击性和内部的凝聚力也有所衰减。

第三，随着企业经营规模的扩大，企业创始人（领导人）授权的程度跟不上企业发展的要求，一方面不利于下一级的综合性领导者以及企业中的"企业家"的培养（影响未来多元扩张），不利于发挥企业内部多层次主体的自主性和积极性，使组织缺乏活力；另一方面也会出现领导力瓶颈。主要表现为三个矛盾：需要管的事既多且细，时间、精力顾不过来；决策深度和信息深度不对称，即需对许多不了解的事项做出决策；自身的知识背景、专业程度与决策事项对知识、专业的要求不匹配，即需对许多不太懂的事项做出决策。这样，很容易出现重大战略失误。

第四，处于系统成长阶段的企业，组织形态及管理体制通常是职能型和集权型的；这样的治理架构不能容纳企业领导人之外其他内部企业家人才的雄心，不利于内部创业和新兴业务的发育。

第五，虽然构建了初级的管理体系（它需在企业成长全过程中不断迭代和完善），但在应用时常常与企业领导人的"人治"习惯发生冲突。由于规范化的分权机制、管控体系不能完全发挥作用，企业内部基于制度的信任关系建立不起来。圈子里的熟人由于长期交往比较了解，老板使用起来尚能放心，但对"陌生人"（引进的职业经理人）就很难充分信任和放权了。

以体制变革为主题的管理整合

这是企业成长过程中的第二次管理整合。系统成长阶段的高速增长，为企业未来发展壮大提供了物质和人才储备；主营业务的突飞猛进，通常会激发进取型企业家多元发展的雄心壮志。在此背景下，显然需从软性因素角度打破组织束缚、激发组织活力、释放组织能量。就像一个年轻人，身体长得很快，眼看就是大块头了，需换上宽松的衣服。

第二次管理整合的任务是为企业多元化、集团化发展奠定基础，做好准备。这是一次整体性、结构性变革，其主要内容是组织内部责任、权力、利益关系的调整、变化，外部表现则是组织形态和组织架构的替换。

体制变革的主题词是"分"：一是分权，二是分利。这两个"分"常常是有关联的，下面我们将它们整合在一起，说明体制变革的主要方向和举措。

第一，逐步释放股权，吸纳外部战略投资人和内部员工成为股东，从财产权利角度提高企业的社会化程度和公共属性。这是企业成为大规模共同体的前提，也是企业优化治理结构的基础。

第二，与上条相关联，在治理结构的顶层设计上，明确股东会、董事会、经营层的决策权限划分。尤为重要的是发挥董事会的决策作用，优化董事会人员构成（各类股东选派真正具有决策能力的代表进入董事会），适当提高外部董事的比例；确定并追究董事会成员的决策责任，对董事会成员的决策行为进行客观评价，使评估结果与董事报酬关联；完善董事会决策程序。借助本次管理整合基本建立符合企业未来发展要求的治理结构，解决企业长治久安的根本性、基础性问题。

第三，提高决策民主化程度。一些民营企业需改变长期存在的老板一言堂决策现象。通过委员会制、"红军""蓝军"⊖辩驳机制、合理化建议制等组织机制，集思广益，扩大参与范围，开放权力结构，提高战略性决策的理性、准确、贴合实际的程度，避免出现颠覆性风险。

第四，根据未来战略性业务布局和结构，调整组织形态和架构，采用包容性和弹性更大、活力和自主性更强的事业部制或矩阵制。无论哪种组织形态，均需同时强化组织中的"业务线"（战略经营单位 SBU，以及战略经营单位的集合 BG）和"资源线"（亦称"平台线"，即整合资源、提供共享资源服务的职能平台）。一方面为新业务发育、发展打开组织空间、配置组织资源，另一方面打造服务型总部。

第五，采用新的组织架构的同时，调整内部责任权力结构，形成

⊖ 孙黎.蓝军战略［M］.北京：机械工业出版社，2018.

总部和事业部双层经营体制。按照责权对等的原则分权授责，依据战略管控或运营管控的要求，明确事业部责任和权力边界。如果是战略管控，总部不介入事业部的经营活动，主要通过事业部战略、经营计划与预算、事业部主要负责人任免以及事业部投资权限设定等手段管控事业部；如果是运营管控，除以上管控方式外，总部会介入事业部的经营活动（至少介入研、产、销一个环节，如统一采购原材料、统一销售等）。无论何种管控方式，总部通过目标绩效责任书（承诺书）和分权手册规范与事业部的责权关系。此外可划小事业部等机构内部的预算和核算单位，让更多的组织单元感受市场压力，承担业绩责任，同时拥有一定范围内独立经营、配置资源的自主决策权力。同时，借鉴阿米巴模式，落实数字化管理，构建每个员工的投入产出责任机制。随着责任、权力的下移和分散，企业内部将会产生更多能独当一面的企业家，为未来的分蘖式成长创造条件。

第六，与前面两点相关联，重新设计组织的利益机制，给组织注入新的动力。在事业部制或矩阵制的前提下，基于责权利对称原则，可采取适用范围较为广泛、多层次、多种形式的分享制，使组织真正成为利益共同体、事业共同体和命运共同体，使员工从雇员变成事业合伙人，做到像华为所主张的"利出一孔"——个人利益和企业利益最大限度地叠合在一起。

第七，按照客户导向原则进行流程再造。按照"从需求中来，到需求中去"的端对端原则，优化价值创造活动流程，完善流程体系。将流程再造理解为建设通往目的地的高速轨道，而不能理解为处处设限、多立红灯；将许多工作以模块化方式封闭起来（和弹性组织形态，如项目制、小组制相结合），减少工作接口和流程复杂程度，促进组织高效运行。增加流程协同机制，使有关价值创造活动按照事先设定的流程以及数字标准自发、自动进行，构建流程型组织（如图 3-2 所示）。

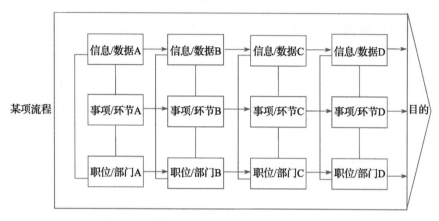

图 3-2　数据驱动、流程驱动的组织运行示意

　　第八，大力培养二级企业家，为事业部制提供经营领军人才保证。所谓二级企业家，是指集团领导人（一级企业家）之下的、负责某个业务线（事业部）或经营项目的领导者。他们承担经营责任（销售和利润业绩），能独当一面，能带团队，既懂经营又懂管理。在企业中，这类人才是最为稀缺的。企业一方面需建立行业及相关行业企业家人才数据库，为企业家人才的精准引进做准备；在深入、细致、真实的背景调查的前提下，主要依托分享机制从外部引进企业家人才。另一方面需从内部学生兵中发现好苗子，安排他们成为经营领军人才的职业发展路线，为他们提供实践锻炼的机会，使其在"战火中成长"，用较短的时间将他们推上经营一线的领导岗位。

　　第九，在"分权""分利"、调整组织架构和形态的同时，完善集团管控体系，形成立体管控机制。主要管控手段包括流程管控、绩效管控（即目标和计划管控）、信息管控（信息透明，建立数字标准）、财务管控、人事管控、对标管控（对照标杆，不断改进）、平台管控（总部专业职能服务平台将管控寓于服务之中）、制衡管控（将某些风险活动的相关职能分置，相关权力分立，相互制约和监督）、自律管控（在清晰的责权利边界内，受控主体自我管理、自我制约），以及文化管控（价值观内化）。管控机制的建立，意味着企业从增长优先（只踩油门）转向增长风控相互平衡（既踩油门也踩刹车）。这是中小企业成为大型企业、简单结构（直线职能制）企业成为复杂结构企业（事业部制或矩阵制）的标志，也是企业组织演进的内在要求。

第二次管理整合，涉及企业内部重大的权力、利益调整，是一场"革命"，因此其风险首先是"政治"风险：利益结构、权力结构设计失范（原则不清、依据不明）或分寸把握失当（非平衡），都有可能引发企业内部的震荡。如果内外关系（内生培养的员工与外部引进的员工）、新老关系（新生力量和创业元老）处理不当，有可能导致核心团队或核心人才流失等严重问题。其次，随着责任、权限的下放，很多以往人才储备不足的企业，会出现"机制"和"能力"不匹配的问题，即各个事业部、事业群（SBU、BG）等机构的负责人缺少行使权力、承担责任的能力。最后，企业创始人（领导人）要真心让利，兑现承诺；同时，切实放权（在某种程度上放权比让利更难，更不容易做到），适应放权之后的新的组织规则，采用新的非直接控制的领导方式。不能在分权问题上叶公好龙（原则上支持放权，但在具体事务上又不肯撒手），也不能高估自己的能力（这通常是高高在上掌权者的幻觉），更不能沉湎于以往的管理习惯。这对每个企业创始人（领导人）的胸怀、境界、领导力、自信程度等都是巨大的考验。

解决上述问题，一方面方案设计需要专业、科学、合理，推进执行坚定有力但不失灵活性和弹性；另一方面需统一认识，上上下下对重大问题达成共识。同时，需发现、动员、重用推动体制变革的新生力量。

分蘖成长阶段

分蘖成长的含义

分蘖，是一个植物学术语，意指植物在自身贮有营养的地方产生分枝。分蘖是多层次的：直接从主茎基部发出分枝，即为一级分蘖；在一级分蘖基部又可产生新的分枝，即为二级分蘖……这里我们用分蘖来形容企业业务的多元发展。分蘖发生于基部，与基于核心能力的多元化相吻合；而多层分蘖则和企业多元业务叠加发育类似。

企业如果成功地进行了第二次管理整合（参见第三章），将从优秀走向卓越。在新的航程上，企业将从体量较大的单一船只，演变为混合舰队。它们在多个航道上，乘风破浪，浩荡前行。企业在这一阶段的成长特征是：

第一，企业此阶段的主营业务，其所属的行业通常进入成熟期，成长空间主要来源于行业整合过程中的部分参与者退出。由于系统成长阶段企业积累了丰富、坚实的经营资源和能力，因此，在此阶段，主营业务的增长速度未必降低，甚至有可能超过系统成长期。从行业和市场角度看，行业整合过程中，赢家通吃的局面将会出现。在系统成长阶段一路高歌猛进成为行业领导者的企业，可以凭借位置优势（即领导者地位所具有的马太效应），获取更多资源，构筑竞争壁垒。⊖

第二，在主营业务领域成为行业领导者之后，利用主业积累的资源（技术、人力资源、信息、品牌、渠道、供应链等）进行多元化扩张。这里特别强调两点：首先，分蘖成长阶段的多元扩张通常与主业相关（否则不会用"分蘖"这个词）；其次，这一阶段之所以多元扩张，并非因为主业成长受限，而是在主业发展良性的前提下，拉升第二、第三……曲线。换句话说，如果等主营业务开始衰退时再去发育多元业务，恐怕为时已晚。因此，多业务分蘖成长曲线是扇形的，而不是多条"S"型曲线组成的波浪形。

第三，多元化扩张，需借助于资本市场，以收购兼并为主要手段。因此，在分蘖成长阶段，企业与资本市场的积极互动以及多渠道拓展资金来源殊为重要。同时，企业需提前培养企业家及高级管理人才，为多元扩张做好准备。项目收购兼并后的管理整合能力，是这一阶段企业快速成长的关键。

第四，在主业领先的基础上，通过产业纵向一体化进行产业链整合，成为产业的组织者。企业的战略框架从企业自身以及企业价值网

⊖ 马浩. 竞争优势 [M]. 北京：北京大学出版社，2001.

络扩展至整个产业。例如，温氏集团从养殖行业进入食品领域，阿里从零售环节反向延伸至制造环节等。同时，通过横向相关业务的多元化，形成基于技术、顾客资源等的平台或生态型商业模式。例如，腾讯在微信平台上发育媒体、电商、支付、通信等多元业务，小米基于品牌、通路等资源拓展多元产品等。纵向或横向相关多元化，使企业的竞争优势从要素性、系统性优势（某项业务的人财物优势和研产销全环节优势）递进为结构性优势，即业务关联所形成的整体性优势。例如，TCL彩电在我国农村市场具有零售通路和品牌优势，为冰箱、洗衣机、空调等新业务的发育提供了基础和条件。反过来，新业务的发展，又强化了零售通路和品牌优势，使之更为牢固和坚实。

第五，主营业务进一步国际化，表现为顾客结构的国际化（国际主流顾客所占比重提升）以及价值链布局的国际化（上游供应链以及下游通路链全球布局）。在此阶段，就主营业务而言，企业不仅进入国际市场，而且有了较强的竞争力和居前的行业位置（起码进入第二阵营）。

分蘖成长的战略：多元化的逻辑

企业多元化业务拓展以及业务结构的变化，有其内在的逻辑。最常见的业务多元化模型是纵向一体化和横向多元化。前者是指：基于现有的业务，在产业的垂直方向上进行延伸——要么向上游延伸，要么向下游延伸。比如彩电企业向下涉足内容产业，向上进入液晶面板产业。后者是指从现有业务出发，以现有业务的资源、要素为依托向左右两侧延伸，例如空调企业进入冰箱、洗衣机领域，拍电影的开始拍电视剧、网剧，并且依靠 IP 开发游戏产品等。横向相关有以下几种情形：一是技术相关，即业务多元化的基础是共通、共享的技术平台；换句话说，将目前已有的通用、平台技术应用到其他领域，从而形成多元业务结构。二是顾客相关，即在同一顾客群体的前提下发展多元业务；业务延伸方式是为同一顾客群体提供更多种类的产品及服务。三是渠道及场景相关，即在渠道（分销和零售）平台上进行业务叠加，或者在同一顾客消费、体验场景下进行跨界业务组合，例如购物中心（Shopping Mall）开设电影院。四是品牌相关，即在顾客认知以及品牌定位基础之上，实现品牌延伸，从而使业务（产品及服务）变得更加多元。严格地说，渠道及场景相关、品牌相关都可归入顾客相关，或者说，属于顾客流量相关。除上面几种情形之外，还有创意（内容）相关——在同一个创意（内容）基础上，开放出不同的花朵；以及产品相关——在某些产品（既包括软件产品也包括硬件产品）平台上开发多种应用性业务。

上面讲的纵向一体化和横向多元化都属于相关多元化。实际上，企业还可以将业务延伸至不相关的领域。而且从相关到不相关，中间还可分为多个层次：强相关，较强的相关，弱相关……一直到完全不相关。例如，芬兰的著名企业诺基亚，最初从事木材、木浆业务，后来转型进入通信电子行业，两者完全没有相关性。美的 2017 年年初正式收购了德国机器人企业库卡（KUKAA），进入机器人领域。家电和机器人不能说完全不关联，美的现有产品空调、冰箱等，其制造需要机器人设备。但是美的的战略意图显然并不在此。这一举措的真正目的在于拓展全新的机器人及智能装备新业务。阿里发展云业务，与原有的电子商务业务也谈不上强关联。

除了上述纵向、横向、无关多元化等逻辑及形态，互联网时代还有几种混搭式多元化情形：一是将现有纵向一体化业务链（或业务价值链）中某个为内部服务的环节分离出来，成为一个面向外部市场的独立业务。这是纵向一体化基础上的横向业务延伸。例如，养殖企业将原来为自身配套的育种环节变为内外顾客兼顾的市场化业务。二是基于同一顾客群延伸产品或服务时，某些产品（服务）由企业外部的供应商提供，企业再为这些供应商提供多元服务。由此便形成了多边市场商业模式（平台型）基础上的多元业务格局。三是依托新型商业模式（不同时期其有不同的吸引资本的概念，基本特征是能够催生垄断型独角兽）获取巨额资本；以资本为基础和纽带，在生态、赋能、孵化等作用下实现业务多元化。

分蘖成长阶段企业业务选择和组合战略，简要地说，需回答3个问题。

（1）"竖"有多长。

所谓"竖"是指产业链。"多长"是指产业链的封闭程度，即把哪些上下游产业链环节包括进来。包含的环节越多，意味着企业内部价值链越长。有的企业选择的是全产业链，例如正大、温氏、新希望六和等，从上游的育种、中游的养殖，到下游的食品加工乃至食品零售，全部介入；而有的企业选择的是半产业链，例如双汇，不进入养殖环节，只从屠宰加工环节做起，主要进行食品加工和食品分销、零售。

"竖"有多长，主要需考虑以下几个问题及因素：第一，延长产业链，能否提升产业链效率以及产业链所输出的顾客价值，是否符合产业链内部分工规律。换言之，有些产业适合纵向整合，有些产业则不适合。第二，延长产业链，能否形成结构性优势。上下游多个环节组合起来，一般情况下会增加竞争对手模仿、学习的难度。日本的服装品牌优衣库（Uniqlo），面料（部分战略性品牌）优势、加工（品质）优势和零售渠道（终端）优势并存并形成关联，竞争对手很难超越。第三，延长产业链，能否增加经营效益。某些企业在产业链的某个环节上具有显著优势，但这个环节可能并不容易使附加值变现；如果将这一环节和其他环节一体化，就能将这一环节的隐性价值转移到其他环节并得以变现。目前流行的 IP 模式——从核心创意出发，衍生出各种内容载体，并在某个（些）环节上实现最大价值——就是这样的逻辑。第四，产业链的长度是否与企业自身的能力相匹配。这里的能力包括资源动员能力、组织力以及管理团队的领导力。有的企业内容环节延伸至终端硬件，逻辑上是讲得通的，但如果因能力不足导致终端产品体验差，依然存在较大风险。

（2）"横"有多宽。

这里的"横"，是多元业务的基础、平台、纽带。可将其喻作生长大树的土壤。其种类我们前面已经说明。"多宽"是指业务横向多元的程度。这主要取决于以下几个因素：第一，技术性基础和平台的层次与宽度。它越是接近底部或越是应用面宽阔，其衍生出的业务就越是多样。第二，现有平台型产品（服务）所吸引的顾客流量规模及属性。顾客流量与业务丰富性是成正比的。顾客流量越大，多种业务存活的概率也就越大。此外，顾客的属性也影响与顾客资源相关的业务的延展。也就是说，不同的顾客人群，以其为基础的业务拓展范围是不同的。例如，幼儿和小学生与父母生活在一起，围绕他们的各种教育、培训以及体验项目要比住校的中学生丰富得多。第三，现有渠道资源的丰饶、厚实程度，就零售资源而言，可以用面积、网点、规模、位置、基层市场的延伸可控度等指标来衡量；就分销资源而言，可以用分销流量规模、分销速度以及覆盖网络宽度等指标来衡量；就线上渠道资源而言，可以用顾客流量规模、获客成本、重复购买率、物流配送速度等指标来衡量。显然，渠道资源与渠道上的产品种类多样性是正相关的。第四，品牌的抽象度。品牌好比是灯塔，如果其属性、概念比较具体，意味着灯塔较低：品牌指向集中、清晰（针对特定的产品、服务种类），不利于品牌延伸（业务基于同一品牌的多样性）；反之，如果品牌属性概念比较抽象，意味着灯塔较高，品牌能够照射较宽阔的范围。此外，品牌影响力大小、品牌在顾客心智空间中的位置，以及品牌美誉度、品牌历史沉淀，都对品牌延伸的宽度产生影响。

需要专门说明的是，在云计算、大数据和人工智能时代，云服务也有可能是一种基于技术及信息资源的多元业务模式。如果构建含有海量信息、数据以及超强计算能力的资源池，在相关算法和人工智能的支持作用下，可以为顾客提供多维、多类的服务。比如某大数据信息机构掌握了大量的企业信息，在此基础上可以发育金融服务业务、投资业务、商学院业务、人力资源服务业务以及咨询服务业务等。

（3）"圆"有几环。

"圆"是指围绕同一顾客群的横向相关服务。"几环"是指服务链的层次。本章前面提到，为顾客提供服务的可能是企业的内部机构，也有可能是开放引进的外部主体。比较常见的情形是：部分服务由内部机构承担，部分服务则由外部主体完成。如此一来，商业模式就有了平台属性。如果需为外部机构提供服务，那就形成了双层服务链。以此类推，则有可能从双层服务链延展为多层服务链，商业模式随之演变为多边市场、多重平台（参见图4-1）。[⊖]

图 4-1　多层次服务链

服务圆环越多，企业商业模式就越复杂，多层次的价值链网状交错；同时，组织的开放程度就越高，业态和联盟的含量就越大、属性越明显。机场、学校等社区型机构，互联网社交网络，其商业模式和业务组合天然具有多重同心圆的特征。

分蘖成长的关键：新业务的发育

从全球许多领先企业发展成长的经验看，业务多元化是必由之

⊖ 陈威如，余卓轩.平台战略：正在席卷全球的商业模式革命［M］.北京：中信出版社，2013.

路。当"第一曲线"(最初的主营业务)达到一定高度时,"第二曲线"[⊖](新业务)就应发育并拉升。和查尔斯·汉迪观点有所差异的是:我们不认为"第二曲线"是对成长空间受限、增长可能 S 型下行的"第一曲线"的替代;即使"第一曲线"仍然处于成长期,或者长期稳定发展,"第二曲线"也应抬起头来并快速增长。只有这样,才能充分共享已有的各类资源,扩充总体实力,形成多元业务相互保护的格局。有的读者或许会问:这不是和细分领域隐形冠军的说法相矛盾吗?的确相矛盾,但分蘖成长是以企业不断做强做大、成为产业巨擘的目标和定位为前提的。而细分领域隐形冠军则是中小企业的战略选择。

新业务如何发育?或者说,如何提高新业务发育成功的概率?在此,我们提出若干建议。

第一,对新业务发育的重要战略性问题,进行全面、深入、细致的思考,明确新业务发育、成长的战略方向。这些问题包括:选择哪种(些)新业务?欲发育的新业务有无资源和能力保证?新业务在市场竞争中赢的逻辑是什么?何时进入新业务?在哪个区域进行新业务的试点?为新业务配备多少资源?针对新业务采取怎样的组织形态、管理体制及机制?为新业务配备什么样的干部及人才……将这些战略问题想清楚了,就不会迟疑不决,贻误机会;也不会冒进过激,分散资源。

第二,发育新的业务,并不意味着进入热门的、处于风口的、技术先进的、前景尚不明确的新兴产业。新业务是相对企业自身原有业

⊖ 查尔斯·汉迪.第二曲线[M].苗青,译.北京:机械工业出版社,2017.

务结构而言的。它们的商业模式可能已很成熟，技术亦无壁垒，甚至属于传统产业，但对企业却是有意义和价值的。选择回报较快、业绩贡献显著以及可行性和成功概率较大的业务，是一种务实的战略；它有利于企业从成功走向成功，不断积累资源和实力。如果跟风进入一些以往全无基础的、和现有业务关联度低的、自身能力不足的前沿领域，很可能折腾几年毫无进展，反而延误、拖累了企业成长。例如，有的家电企业试图进入新能源汽车产业，有的农牧企业尝试太阳能业务，很长时间内没有收益，使分蘖成长迟迟不能真正展开。当然，企业新业务往往是多层次的。如果资源充足、能力许可，或者本来就具有高技术、高能量组织属性，可以积极地在前景广阔但不确定性较大的新兴领域内探索尝试。

第三，收购兼并是新兴业务拓展的重要途径之一，需切实提高其成功概率。众所周知，收购兼并是高风险活动，但不购并则不能抓住时机快速实现多元扩张。在操作中，一方面需对购并对象（项目标的）进行透彻的调查，发现隐性的风险因素，避开种种陷阱；另一方面需制订详尽可行的战略整合、管理整合，以及人员、资源整合计划，派出得力管理人员，他们与原有管理团队相互融合，共同执行计划。收购兼并交易时，不能只看价格条款，还需考虑时间成本以及后续的各种隐性、或有成本，从整体角度和较长时间跨度选择最佳方案。如果购并主体是上市公司，不能出于短期维持或提高市值的目的，而要求被收购方做出不切实际的业绩承诺，更不能双方共同作假虚增业绩预测。企业不能因收购兼并产生重大的商誉损失。

第四，将新旧业务进行适当隔离，给予新业务"特区"待遇。这里的隔离，既包括组织上的隔离，即用新的组织架构支撑新业务发展，使新业务在组织及人员上不受旧业务的制约和拖累；又包括政策上的隔离，即用新的政策和机制保证新业务成功。新业务的"特区"待遇包括：资金、人才、技术等资源的支持；将考核周期拉长，不急功近利地考核短期指标；容忍探索中的错误，以迭代方式实现螺旋式进步……

第五，不能将分蘖成长理解为微小多元化项目的孵化——这属于创业投资服务的范畴；分蘖意味着多主业，因此，压强投资是新业务发育的主要途径。"压强"指集中资源，在较短的时间内连续投入（新建项目或收购兼并），使新业务曲线迅速拉升。

分蘖成长阶段的组织特征：分合组织

与多元化业务相适应和匹配的组织形态通常是分部制（事业部制）和矩阵式。由于矩阵式组织权力关系和管理关系复杂，不太适合中国员工的文化及行为习惯（偏好简单、确定、清晰的权力、责任关系），因此我国真正采用矩阵式组织架构的企业很少（华为的市场体系采取矩阵结构：业务／产品和区域平台纵横交错）。从全球范围看，责权明确、机制灵活的事业部制是一些特大型企业（如宝洁等）组织架构调整的主要方向。华为人力资源管理纲要 2.0（总纲，公开讨论稿）中提出：适应未来公司的多元业务结构，逐步建立统治与分治并重、责权清晰、运作高效、监督有效的分布式组织管理架构。

分部制（事业部制）的基本特点是"分"（组织按业务分隔，权力随责任划分，参见第三章）。在"分"的基础上，为增强企业集团（事业部的集合）整体效能，同时也为促进、支持事业部业务发展，还需注重和强调"合"：将事业部共有的某些职能、活动抽离出来，整合形成坚实的赋能平台体系。"赋能"是指赋予战略经营单位（事业部）能力和能量，"平台体系"是指服务多个事业部、承担多种赋能职责的组织体系。属于赋能平台的职能，既包括各事业部共享资源、要素（资金、技术、人力资源、数据等）的开发管理、动员投放，也包括支持各事业部业务运作的专业服务（如供应链服务、物流服务等），还可以包括各事业部共有的价值创造某个（些）环节（如制造、销售）。对事业部而言，赋能平台体系是可以呼唤的炮火和可以信赖的力量。

分合组织形态和传统的事业部制相比，更加深化了大型企业内部的分工，增强了集团内部的统一性和协同性。它体现了对业务经营效率和资源共享效率的双重关注，遵循了"机会"和"能力"相平衡的原则，使企业集团在"机会"和"能力"的双重驱动下成长。将事业部分开，有利于敏捷、快速捕捉机会，将有关职能整合，有利于基础性能力的培育。当然，这并不意味着事业部无须重视能力建设，平台无须关注市场变化，而是指两类组织在战略指向上有所侧重。

需要指出的是，分合组织形态不是矩阵式结构。各个平台是服务性非权力机构，对各事业部不能直接指挥、干预。它也不完全是分布式组织，权力有所分散（趋向分布式），但还未到多中心的程度；其权力结构是集团总部和事业部双层式或双中心式。部分平台和事业部的关系是交易关系，这意味着部分平台是独立核算的经营主体。

图4-2是分合组织形态的示例。

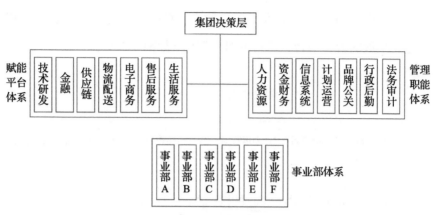

图 4-2　事业部制的赋能平台体系

图 4-2 的赋能平台体系中，"技术研发"平台（通常称作技术中心、创新中心、研究院、中央研究院等）承担前沿性、基础性技术的开发，是各事业部未来技术供给来源之一。同时，"技术研发"平台基于研发成果可以孵化、分蘖出新的事业部。"金融"平台（类似于某些集团企业的财务公司）将集团闲置资金集中使用，通过内外部借贷、购买理财产品、委托投资等方式获取收益。"供应链"平台主要负责各事业部共享供应商的认证、管理，必要时统一采购部分通用原材料、零部件及设备等。"物流配送"平台承担各事业部产品的仓储、物流，以及配送、交付责任。"电子商务"平台是集团各事业部线上销售的公共渠道和共有的顾客流量池。"售后服务"平台集中了各事业部的售后服务运作及管理职能，是外部服务信息的统一入口，是整合服务资源、调控服务运行、管理服务体系的中心。"生活服务"平台统一运营、管理众多的服务项目，如差旅、食堂、车队、酒店、园林、物业等。

目前，有些企业将一些事业部共有的专业职能或共享要素（主要是技术) 合并归入平台机构, 它们支持、服务一线的价值链运行。相应地, 采取前台、中台、后台的组织架构 (如图 4-3 所示)。

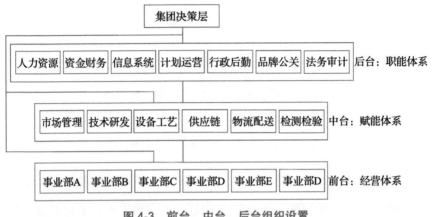

图 4-3　前台、中台、后台组织设置

这种架构尤其适用于双层技术开发。一线 (前台) 经营机构 (事业部等) 从事应用技术的开发, 中台技术部门从事基础性、前沿性、底层技术的开发。中台的成果将逐步转移至前台。除技术体系外, 凡是与数据相关的领域, 如售后服务、物流、检测检验等也适合平台化运行及中台式的组织设置。根据微信公众号 "HR 实务俱乐部" 提供的资料 (2018 年 11 月 26 日), 2018 年 11 月, 阿里巴巴集团全面启动中台战略, 构建 "大中台、小前台" 的组织机制和业务机制。其目的在于: 作为前台的一线业务会更敏捷, 中台将整合整个集团的运营数据能力、产品技术能力, 对各前台业务形成强力支持。中台提炼各个业务线的共性需求, 将其打造成组件化的资源包, 供业务部门使用, 可以减少 "重复造轮子" 现象。

前台、中台、后台的组织设计, 强调了资源共享和专业能力发育。问题在于结构比较臃肿，有可能拖累一线经营机构（事业部）的业务发展，削弱其竞争中的活力和战斗力，并且影响整个集团企业的反应速度和运行效率。一线机构常常需要呼唤炮火，但炮火不来、炮火不足、炮火迟来怎么办？中台不直接感受市场压力，有可能方向不明、能力退化。而后台离一线就更远了（"后"字本身也有强烈的暗示意味）。

分合组织设计时，有一个需注意和把握的重要问题是"分""合"的程度如何。也就是说，是"分"多一些，还是"合"多一些？这一问题体现在两个方面：首先，平台的范围多大，即哪些专业职能及活动整合成为平台；其次，同类专业职能和活动在事业部之间如何分工，即平台介入经营机构的深度。例如，哪些技术由平台开发，哪些技术由事业部开发？文字上的定义（基础技术、应用技术等）解决不了实践中的难题。再例如，繁多的采购品种是全部还是部分由采购平台统一采购？平台和事业部采购品种如何划分？

解决上述问题，需考虑多重因素。第一，专业职能、活动的性质和特点。有些适合"分"，有些适合"合"。例如，相对而言，资金、售后、物流等职能和要素更加适合"合"，也更加容易"合"。第二，一线各业务的关联程度。显然，关联程度越高，技术、顾客、渠道、数据等方面就越有"合"的基础和依据。以技术开发为例，如果几条业务线无论从哪个维度看都毫不相关，共通、兼容的基础技术不多，那么就没有必要设立多条业务线共享的研发平台。第三，共有专业职能、活动以及要素的体量。规模过小，则不必组建平台。有些中小企业，资金余额较小，金融平台没有太大意义。第四，企业总部的战略导向。例如，如果欲将某项（些）支持性职能、活动发育或转化成独立的对外业务，使其具有经营属性，平台化显然是前提和这一战略的应有之义。再例如，如果总部希望某个（些）事业部迅速发展，则不轻易破坏其价值链和专业职能的完整性。第五，前台、中台的能力分布。前台能力强则偏"分"，中台能力强则偏"合"。第六，企业文化及管理导向。有些企业注重控制则倾向于"合"，反之则倾向于"分"。第七，"分"与"合"的效率比较。效率是重要但不容易测定的变量。相关专业职能和活动"合"的整体效率大于"分"的整体效率，"合"才有意义；反之亦然。

分蘖成长阶段的企业风险

处于分蘖成长阶段的企业，已经发展成多业并进的大型企业集团。"大有大的难处"，大有大的风险。这一阶段企业风险造成的损失和危害，无论是量级还是强度，都是前几个阶段所无可比拟的，有时甚至超出企业所能承受的极限，成为产业乃至社会不可承受之重，即所谓的"大到不能倒"。

企业分蘖成长到一定程度，最大的挑战来自外部环境：主营业务（可能不止一个）的市场需求饱和并开始萎缩，行业进入成熟期的末端并有可能进入衰退期。同时，在现有的行业和市场中浸涵已久，商业模式已经固化和老化，存在被颠覆性创新超越的巨大风险。小米生态链方式进入了一些传统行业和市场，全新的产业定义、价值主张以及运作模式，对原先的领导者构成了极大的挑战。但总的来说，它们的回应是缓慢和乏力的。在互联网时代，许多行业的领导者依靠现有规模优势、技术优势、供应链优势、品牌优势、渠道优势等，往往很难抵御那些依托新商业模式、新算法以及相关新技术迅速成长起来的替代者和挑战者。后者如果再携巨量资本之利，很可能在极短的时间内席卷市场，一举夺得领先地位。这是拼多多、抖音、今日头条等互联网企业发展历程给我们的启示。

此阶段的重要战略变量，或者说容易出现问题的地方，主要是两个。

一是业务结构。多元化"多"到什么程度？新业务之间的相互关系如何？在这一变量上，企业容易出现的失误主要是盲目扩张，进入自己不熟悉的领域（通常还是投机理念所致）；分散资源，影响、妨碍对于重要战略业务的聚焦和压强。表面上各个产业板块都做起来了，都有一定体量，但实际上是无竞争优势、无能力支撑的虚胖。有的民营企业自有资金不足，依靠提高杠杆率、短贷长投、内部腾挪等方式进入新的业务领域，如果外部市场、政策环境变化或新业务经营出了问题，就很可能陷入资金链断裂的危机。2018年以来，一些民营上市公司大股东抵押股份爆仓或濒临爆仓，也与多元化投资有关（抵押股份借出的资金，投资到新的业务领域去了）。

二是新业务发育。有些民营企业第二主业、第三主业等长期发展不良，业务多元发展滞后。这和过度多元正好形成对比。制约新的业务曲线拉升的原因很多。或是因为战略上患得患失、缺乏压强；或是因为新业务所需核心资源（主要是技术）不易获得，有些民营企业未找到合适的方法，亦未发现合适的购并对象（决心是有的，但缺乏策略及相关专业职能）。还有不少企业通过购并进入新的业务领域时，缺乏人才准备和管理整合能力，几番尝试最后铩羽而归。

这一阶段从组织和管理角度看，主要的风险有三个：一是分权、采取事业部制后，企业内部战略、文化的统一性受到削弱，关键资源（如数据）无法共享，各事业部共有职能平台建立不起来。事业部甚至有离心和诸侯化倾向，轻则影响战略协同和资源效率，重则导致企业出现分离分立现象（甚至分崩离析）。二是随着经营规模扩大，业务、组织的复杂程度提高，企业出现了大企业病：内部分化，出现众多利益集团以及既得利益群体；企业政治生态恶化，真正的人才缺乏机会，公正、公平、透明机制受到损害；官僚主义严重，纵向权力等级关系森严，抑制员工的自主性和创造力；部门横向之间协同困难（部门墙又高又厚），各项流程运行效率低下，审批手续烦琐；艰苦奋斗文化衰退，组织氛围沉闷；责权利机制僵化失效；企业缺少活力和变革创新的内驱力……三是企业领导人及核心领导团队的领导力出现瓶颈。这一阶段企业的资源（资金、人才等）基本上不成问题，而领导力不足成为此阶段制约企业成长的主要因素。指挥一个混合舰队，比起指挥单个舰艇，需要有不同的视野和素质，需要有更强大的战略运筹能力（因为企业成长的战略变量增加，彼此之间的联系更加复杂），需要更加关注人、组织、模块、平台、核心能力等要素和变量，需要采取新的管理方式（如数字化管理、价值观管理）。这些往往是机会环境下成长起来的企业家所欠缺的。尤其是由于缺乏科学思维训练，决策时容易出现重大漏失和错误，也容易产生非理性行为。

需要特别指出的是，一些民营企业业务成长到了分蘖阶段，组织演进到了平台阶段，但与它们相适应的多元文化、包容文化却没有建立起来，对不同文化的容纳、吸纳能力弱，价值理念的开放程度低，甚至既封闭又偏狭，将本应源头活水的企业文化弄成一潭死水。企业文化建设和管理时，过于强调"求同"，对不同风格、个性的亚文化、子文化的"存异"关注较少，未能给予它们一定的生存空间，抑制了组织内部的活力和创造性；未能形成跨多种子文化、融合多种子文化的基础性文化平台；对外部引进的人才及团队包容度低，缺少将他们融入企业主流文化的途径和机制。有些民营企业，没有把组织的价值理念转变为组织成员内心的自觉追求和敬畏，反而将其当成了时刻念叨的"紧箍咒"，妨碍员工的独立思考。同时，缺少信息透明和讨论辩驳的组织机制，组织成员缺少建言、参与的途径，信息流动以纵向为主而非网络状横向为主。在某种程度上，这些现象也是文化包容度不够的体现。

许多民营企业发展到这一阶段（甚至未到这一阶段），与组织老化相伴的是文化老化（两者互为原因）——与外部环境互动缺少应变适应的先进理念，对内治理缺少使组织长治久安的分享共治规则。墙上贴满了口号，要么缺少针对性，要么偏离企业属性，或者将企业家个人的文化偏好强加给组织（如儒、佛之类）。就文化践行而言，说些大话、空话，搞些形式主义的东西；未将价值理念与企业战略、运营流程、制度规范相融合；核心团队尤其是上层领导者做不到以身作则，言行不一，潜规则盛行。文化风气唯上不唯实，关注内部权力利益多于关注外部市场竞争；开拓精神缺失，锐气不足，气氛沉闷；企业家个人时常凌驾于组织之上；文化气场稀薄，组织缺乏凝聚力。一些民营企业家出于自我经验，比较容易选择高压式的军事型文化或者有些温情的家庭文化，对现代工业文明、信息文明、生态文明背景下的现代企业组织文化缺少思考、分析和选择。

以组织范式转换为主题的管理整合

通过上一节的分析可以得知：企业分蘖成长到一定程度，有可能出现战略和组织的双重老化。企业生命很可能在这一阶段中止。欲超越生命周期的宿命，必须进行全局性、系统性变革。一方面需重构战略（参见第五章），另一方面需重构组织。从逻辑上说，既可以是战略决定组织——新的战略牵引组织变革，也可以是组织决定战略——组织变革打开了战略变革之门。从时间和过程角度看，战略变革和组织变革是同时、同步发生的。这里，我们主要说明组织重构。

组织范式变革（企业成长中的第三次整合），涉及组织主要变量，改变组织的基本形态、机制结构和内核。它包括组织形态演进、组织灵魂（文化）重塑和组织领导改变。

（1）组织形态演进。

组织变革的基本方向是柔性和有机性（关联性），使组织从机械体变成生命体。

第一，增加组织内部的弹性，适度减少组织内部的规范程度，将有关专业职能模块化，使企业内部的结构更加扁平、更加灵活。

第二，通过市场成果分享机制以及开放式组织运行机制（顾客参与机制）设计，使研产销等价值创造机构（小组、团队）与外部市场（顾客）的接触面更多、更宽阔、更深入。

第三，在较微观的组织单元层次上建立数字化核算和激励机制，注重数字驱动和自主运行，提高组织活力、效率以及运行的精准度。

第四，依据战略变革的方向和要求，在组织架构设计时体现聚焦和压强原则，给予企业长期性、基础性、战略性要素和环节宽松的组织框架以及充分的组织资源（如组织地位、编制等）保证。

第五，在集成信息系统和数据流的基础上，打通端对端的价值创造流程，建立以流程协同为主而非权力协同为主的组织运行机制，打造流程式组织。

第六，在不确定性较高的创新领域，导入自组织机制；在一定的规则平台上，以分布式控制方式促进内部创新创业；通过边缘性变革，引发系统整体性变化。从组织设计角度，为战略转型、新事业的发展开辟相对隔离的特区，提供良好的组织环境（例如，相关权限更大、机制更灵活）。

第七，导入互联网因素，将组织边界打开，根据需要提高组织的虚拟化程度；与外部合作伙伴相互融合，构建与内外部相互嵌入和共生的一体化、生态型价值链相匹配的组织形态。

（2）组织灵魂（文化）重塑。

组织文化重塑的主要目的是为企业未来成长打造基础性的宽阔、深厚平台。方向是回归基本原则，提高开放程度。

第一，回归原点文化。所谓原点文化，就是企业最初的最基本的、与企业存在理由相关的文化。它们是企业的根本价值观。回归原点意味着正本清源，意味着遵从基本规律。原点文化有两个核心内容：一是顾客价值导向，以顾客价值为中心。

当我们面对未来的不确定性，只能重温彼得·德鲁克所言的企业创造顾客的基本目的，只能面对最初始的问题：谁是我们的顾客？我们的顾客需要什么？我们需要为顾客创造什么价值？在当前信息高度流动、消费者高度认知、市场高度竞争的背景下，对顾客价值必须有一个全新的认知。既要更加精准，也要更加慎重。体现在顾客价值战略上，顾客价值的载体和形态要更加完美，顾客价值的实现方式要更加简便，顾客价值的来源要更加丰富和坚实——无论是技术的，还是管理的，抑或是文化的、历史的——为顾客创造的体验场景要更加真切、更加细致、更具质感，过程的展开更加立体复合、更加出人意料、更加摇曳生姿，为提升顾客价值需投入更密集、更强劲、更大规模的资源。

二是尊重人性，一切管理规则和管理行为需建立在人性基础之上。企业组织是由人组成的，而对人的有效管理是企业管理永恒的主题；其前提是对人性认知、理解，关键是顺应人性中的积极因素，满足人的多层次愿望与期望。人性讲善恶，需赋予员工工作意义、使命；人性辨是非，所有评价、决断需基于事实和事理；人性重利害，通过激励和约束，使个人和组织利出一孔；人性有爱恨，营造关爱氛围，弘扬团队精神；人性存荣辱，需尊重员工，平等待人，激发人的自尊；人性有勇怯，需鼓励竞争，弘扬血性，充分赋能，打造特别能战斗的铁军……

　　第二，提高企业文化的开放包容程度。在文化源头上，吸纳、继承中外优秀文化的营养和传统。如中国文化传统中的"道法自然""仁者爱人""知行合一""自强不息""格物致知"等，如西方文化传统中的"规则面前人人平等"、理性、有论据、抽象化、符合逻辑的科学方法等。在文化类型上，保留军事文化、家文化的一些元素，同时导入具有青春、活力、阳光气质的校园文化，有着理性、平等、互利特色的商业文化，倡导质疑、创新、平等的科研文化，以及以执着、忠诚、炽热为特征的信仰文化。在管理思维和方法上，既学习战略层面的结构性创新、颠覆性创新，又学习运营层面的精益求精、持续改进……在企业内部增加组织运行的公开度，提高员工的参与度；给予子文化一定的发展空间，形成主旋律和副旋律并存的复调文化。

　　第三，打造智慧组织。企业未来成长，以核心价值观为牵引和基石，同时以知识和智慧为保证和支撑；前者是必要条件，后者是充分条件。将企业打造成智慧组织（即学习组织）不仅仅与组织机制设计有关，而且属于企业文化建设的范畴。因为智慧组织的背后是价值观导向，其运行和效能发挥依赖于组织成员的心智和习惯，它同时又是组织文化践行、传播、落地的一种机制和途径。一个企业所需的知识，绝大部分都在企业内部，都在与自身关联的产业链、价值网络和生态体系之中。我们所需的真正智慧，来源于基于实践的深度思考，来源于开放、民主的学习机制。只有通过持续、反复的讨论或辩论，才能激发、汇集群体的智慧，既不能完全迷信智慧源于一线，也不能完全依赖决策层的高瞻远瞩。通过上下联动、内外交互，就有可能发现事物的真相、本源和规律。此外，应鼓励边缘性创新，小智慧有可能触发大智慧，众多的小智慧有可能汇集成大智慧。

（3）组织领导改变。

组织领导改变，通常包括三方面内容：一是改变领导者。企业战略、组织架构变化后，必然要启用一批承担未来责任的新的领导人。二是改变领导方式。例如，从命令式领导转为协商式领导，从感性领导转为理性领导，从天马行空英雄式领导转向脚踏实地沉静式领导，从交易型领导转为文化型领导，等等。三是改变领导力标准，确定新的领导力素质因子以及相应的要求。这三者中，最重要的是第三方面的改变。领导人标准变了，选择的对象以及行为就会相应变化。

企业家领导力不足，是组织重构及战略重构的主要风险和制约。决定变革方向、驾驭变革过程，领导企业走向未来的企业家，应具备以下领导素质。

第一，使命意识和心力。民营企业领导人财富动机实现之后，需转向使命动机。只有使命，才能引领、驱动企业家长期锐意进取，持续艰苦奋斗。企业家赋予企业长期目标，实际上是使命感的一种体现。从传统儒家"家国情怀"延伸转换而来的一些近代实业家身上的"产业报国"理念，似乎被冲刷、稀释得难见踪影了。因此，重塑使命，是中国民营企业领导人自我转变的首要任务以及自我超越的主要方式。

"心力"是高密度的心理能量。它由使命、信念而来，是意志力也是思考力，亦与勇气等个性因素有关。企业家的心理能量是引领企业组织前行的第一驱动力。少了这种心力，就无法影响和吸引他人，也难以率领企业克服重重险阻。一些企业家在长期的奋斗过程中，心力有所流失，心理能量的补充不能弥补耗损，产生了疲惫感、无助感、迷茫感，这时很容易被逍遥文化、退隐文化、空无文化所吸引。明朝大思想家王阳明将知与行打通、内王与外圣融合，对近代日本和我国的一些重要历史人物产生过重要影响。今天的企业领导人，在蓄涵、开发、锻炼心力时，可以从王阳明思想中汲取营养、获取力量。

第二，价值观能力。选择价值观，坚守价值观，用价值观影响组织成长，将价值观运用到企业管理之中，是企业领导人最重要的管理行为，即价值观型管理。这种管理方式所需的领导力就是价值观能力。价值观能力的缺失，主要表现为价值观选择的迷茫以及践行的虚空。对很多民营企业领导人而言，多用价值观少用权力影响组织；在利益激励的基础上倡导文化激励，是价值观型领导的主要体现。

第三，产业洞察力和系统思考力。全球化时代，民营企业领导人需具有国际视野，能够洞察产业变化趋势、变化动力以及变化形态，准确分析产业中各种力量此消彼长的态势以及错综复杂的博弈关系，善于重新定义产业，善于在战略上将产业边界打破，从而能够从局部或全局角度提出产业创新的思路。同时，企业领导人对企业成长等战略问题能进行结构化的整体思考。分析某个战略命题时，善于把与之相关的多维度、多层次变量罗列出来，发现它们之间网络状的互动关系；并在纷繁的变量和因素中，找到关键性的解决问题的钥匙；在复杂的相互关系中，确定主要矛盾以及矛盾的主要方面。企业领导人要能够从动态角度，观察企业系统以及环境系统的演变机理，对突变现象提前做出预测，善于设计 1+1+1>3 的系统突现机制。在认知上，建立起宏大、长远的坐标系，分析问题具有自己的基准（比如市场基准、伦理基准、技术基准等）。

第四，领导高级人才（高管、专家）及知识型员工的理解力和驾驭力。人工智能（AI）时代，企业内部一线的初级劳动者将逐渐被机器替代，知识型员工比例会越来越高。同时，从事创造性工作的高级人才（高管、专家）的作用会越来越大。如何理解和驾驭他们，超出了一些民营企业家的经验。一些民营企业家非逻辑化的思维方式、多变的决策风格、个人化的文化主张以及带有个人崇拜色彩的组织氛围，亦不为知识型员工及高级人才所认可。面向未来，民营企业家需对知识型员工、高级人才的人格、心理特点、愿望和追求、敏感点和禁忌处等，有真切、细致的体会和认知；需找到与知识型员工沟通、互动的合适方式，以及评价、激励他们的科学方法；需在制度、体制、机制、体系层面形成知识型团队建设的完整方案。同时，根据知识型员工以及高级人才的期望，提升、改变自身的修为和行为做派。

第五，对变革的把控力。企业战略、组织变革是艰难的，也是有较大风险的。对于民营企业领导人来说，最可怕的是看不到全局性危机或用不成立的理由自欺欺人。最严重的问题是路径依赖导致变革延误，企业内部的利益结构（既得利益坐大）妨碍变革。最有可能出现的错误，一是未来的方向选择错了（事先并不知道）；二是操作失误——柳传志曾讲，企业变革要"转大弯"，但问题是"弯"太大了就可能贻误战机，而"弯"太小了，就有可能翻车。把控变革的能力，首先表现为变革的勇气、信心和战略定力：丢掉幻想，准备新的不确定的航程；进行取舍，丢掉"坛坛罐罐"；不循陈规，不因旧的逻辑缠住新事业的后腿。其次表现为变革策略谋划力和过程控制力：善于化解矛盾，平衡错综复杂的关系，消除既得利益的羁绊；善于把握重要问题的处理分寸；善于控制影响变革的关键变量；善于在目标的牵引下，制订周密、准确的行动方案；善于控制变革进程（节奏、力度等）……

结构性组织变革，意味着重造一条企业之船。它将更能适应气候、海浪、礁石，以及航灯、通信等多个因素已经或正在发生变化的新水域和新航线，更经得起狂风巨浪，更能适应看不清航标的夜航。

重构成长阶段

重构成长的背景：外部环境的挑战

重构成长阶段是优秀的"头部"企业经历了创业成长、机会成长、系统成长以及分蘖成长阶段之后的全新战略航程。之所以要"重构"，是由这些企业的内部因素和外部环境所决定的。内部因素是其主业成长空间受到限制（市场容量不再增长甚至下降），以及技术、商业模式存在被颠覆的可能（参见第四章）。而外部环境则存在对企业的四重挑战。

（1）第一重挑战：新的技术革命来了。

新的技术革命及产业革命，通常在时间上表现为一个长达数十年乃至百年的周期，经济学称其为长波。目前学界普遍认为，新的长波已经开始。有的学者将其命名为"第三次工业革命"[○]。其主要内涵是新能源、云计算、大数据、人工智能以及生物工程等领域的重大技术突破以及逐步应用。在这场超长周期的博弈中，新的生产力以及代表新生产力的企业将会崛起，而旧的生产力及其载体（企业）则被淘汰。

面对新的技术革命，拥有核心技术的华为是比较从容的。但是，像联想集团这样的企业，当主营产品个人电脑（PC）总体市场容量收缩，在移动通信、人工智能等领域似乎又没有什么技术基础，将来怎么办？对联想集团来说，这场考验要比华为严峻得多。和联想集团类似的是中国的某些家电企业，大而不强，缺少核心技术，而外部的市场容量又不再增长。正是在这样的背景下，美的集团购并了德国机器人企业库卡（KUKA），开启了重构成长之旅。

（2）第二重挑战：互联网的冲击。

互联网的兴起，对绝大多数传统企业（包括"头部"企业）来说，并不是什么机遇。大多数互联网商业模式都是模仿国外的，对其技术基础、运行方式、功能效应等，传统企业是陌生的。互联网和商业模式创新结合在一起，往往对传统行业构成颠覆性影响。而新的互联网商业模式的背后，又有来自于资本市场的雄厚资本的支持。在资本以及资本市场的扶持下，互联网企业可以长期不盈利，可以凭借"负利润"抢占市场份额和用户流量（资源），传统企业的经营方式无法与之抗衡。

○ 杰里米·里夫金.第三次工业革命：新经济模式如何改变世界［M］.张体伟，孙豫宁，译.北京：中信出版社，2012；彼得·马什.新工业革命［M］.赛迪研究院专家组，译.北京：中信出版社，2013.

互联网的兴起，使人们的生活空间变得立体和丰富；同时，基于互联网的社交网络是去中心化的。在此背景下，传统企业赖以生存的传播模式、渠道模式失效了；概言之，无法与顾客连接和交互。面对互联网背景下顾客流量分布的三度空间（网络、社群和物理性现场），许多传统企业一筹莫展，亦无能力按"认知、交易、关系"三位一体原则[⊖]创新市场模式；而新生品牌借助互联网异军突起，不断蚕食传统优势企业的份额。有些传统企业，不了解互联网的规律，采取了一些自杀性策略，如跟风低价争夺流量、将电子商务渠道作为库存的出口等，不仅亏损严重，而且伤害了原有的线下优势市场。对它们来说，不拥抱互联网，好像没有未来；盲目拥抱互联网，连现在都没有了。

当下互联网已进入物联网、云计算、大数据、人工智能时代，各个领域的交往模式、商业模式以及价值创造方式都会发生重大变化。跟得上互联网时代节拍和脉搏的，在网络效应作用下优势将会快速放大；反之，则上场竞技的机会都没有。近年来，某些互联网巨头高举"新零售"的大旗，闯到海量需求的生鲜食品等领域，对传统线下零售企业降维打击，颇有些势如破竹的意味。

（3）第三重挑战：国内外市场需求的萎缩和冷却。

过去的几十年，中国的内外部市场需求始终处于膨胀、放大的状态。中国企业的成功，主要有两种模式：一是在 13 亿人的大市场上找到了机会，并把机会转变为收益。所以，在家电、通信、日用品、食

⊖ 施炜 . 连接：顾客价值时代的营销模式［M］. 北京：中国人民大学出版社，2018.

品领域都出现了几百亿、上千亿级的巨头企业。二是我国加入 WTO 之后，随着国外产业的转移，出口导向型企业利用劳动力成本、数量优势，为全世界提供价廉物美的产品。我们到世界各地去都能在商品上找到中国制造的标签。

现在，这样千载难逢的机遇基本上不存在了。就国内市场而言，由于人口老龄化、主流消费品渗透率饱和、房地产拉动作用下降等原因，总的来说消费需求在递减；同时中国很多领域产能过剩，城市化以及大规模基建已到中后期，投资需求也在下降。一些传统行业"去产能、去库存"将会延续较长时间，总量性机会将会消失（结构性机会依然存在）。而国外市场，"全球化"与"反全球化"将长期胶着，贸易纷争不可能在短时期消除，对我国企业产品出口将产生影响——程度现在还很难估量。从几大经济体看，欧洲很可能陷入结构性危机，原因不仅仅是宗教和难民问题的困扰，主要是因为南北欧洲生产效率差距较大，统一的欧元汇率无法体现不同国家的产业竞争水平。由于社会结构及社会文化原因，"美国制造"的复兴困难重重；如果其金融政策的基本走向是加息缩表，则不可避免引发通货紧缩的连锁反应。金砖国家中的巴西和俄罗斯，经济发展模式存在缺陷，过于依赖初级资源；而在新技术革命背景下这些资源将来不大可能增值，经济增长会受到拖累。日韩等发达国家，经济体量较小，且高度成熟，非洲及其他一些不发达区域经济体，基础薄弱，很难在短期内崛起。纵观全球，未来 10～20 年时间内，能保持较快增长速度的除了中国，其他发展中国家大概就是亚洲、非洲几个人口大国了（需要说明的是，这些国家未来很可能是全球新的经济格局下的受益者，它们与中国争夺低端制造份额）。全球经济阴晴不定、前景难测，我国产品（服务）的国外市场需求可能存在长期下行趋势。

（4）第四重挑战：比较优势削弱。

有些经济学家认为，中国经济具有后发优势。其中，最重要的优势是人口红利及劳动力红利：数量大、品质优、充分供给、报酬低廉。周其仁教授曾把中国经济几十年来的增长动能，用两个海平面差距来说明。一个海平面是发达国家劳动力价格水平，另一个海平面是中国劳动力价格水平。我国改革开放之前，这两个海平面是相互隔离的。把国门打开后，这两个海平面连通了，两者之间的巨大落差是中国经济惊天爆发的主要原因。[一]

现在，这两者差距却在缩小。在人口老化、劳动力供给减少、生活消费水平提升以及通货膨胀尤其是城市住房价格飞涨的背景下，我国劳动力价格上升得非常快，这对制造企业——它们是我国企业的主体，构成了严重的发展制约。传统比较优势削弱后，我国尚有年轻工程师红利。如何形成新的比较优势，是摆在我国企业面前的重要课题。

重构成长的含义

所谓"重构"，是指重新思考、重新定义、重新设计、重新构造。重构成长是战略、组织重构驱动的成长。换句话说，不重构就不可能

[一] 彭剑锋，等."＋时代管理"：人的一场革命［M］.北京：中国计划出版社，2015.

成长。我们也可以将重构成长理解为整合成长：重新整合目标、战略、组织和资源，塑造新的企业生命体，用新的战略范式和组织形态应对未来不确定的环境。

重构成长的主要特征有：

第一，这段新的航程和前面的航程有可能是连续的（在原有基础上重构），也可能是不连续的（重新选择方向）。但无论连续还是不连续，它均有"二次创业"和"再出发"的属性与意味。这也说明企业成长是一个循环过程，到了这一阶段"从终点又回到起点"。新一轮成长之旅开启之际，我们需要"重新定义一切"，需要提出新的战略设想，并对其进行验证。同时，需清理没有战略意义的项目，退出没有前途的业务领域，修剪纷乱的业务枝蔓，凸显企业未来的战略逻辑和轮廓。

第二，面对未来的不确定性，尤其是技术创新、变化的不确定性，重构成长很可能没有清晰、具体的目标和路径。战略大致正确，有一定的选择范围；需要不断地试错，才能找到真正的机会、发现可行的商业模式、整合所需的资源、构建相关的组织形态。这和创业阶段有些相似，只不过主体由人数不多的创业团队变成了巨型组织。虽然"巨型"，但需有敏锐的触角和敏捷的反应能力。在多方位、扫描式的探索中，一旦锁定机会、明确方向，就能快速决策和行动。

第三，在一定的战略选择范围内，按照不同战略方向成功概率配置资源。但这并不意味着资源分散。对一些有核心技术的项目、代表主流技术的项目以及有广阔市场前景的项目要敢于压强（阿里强攻云计算项目就是一个很好的例证）。华为近年来在新能源、云计算、芯片、物联网等领域进行了广泛布局，体现了战略宽度和深度的平衡。这也说明重构成长阶段，企业的战略既要有一定的弹性和灵活性，又要有一定的定力和稳定性；既要根据环境变化动态进行战略调适，又要从大局和趋势出发保持战略洞见。由此可以得出推论：不确定时代的企业战略是多层次的——既有相对确定的顶层战略意图和战略认知，又有相对具体的次级动态战略目标和举措。

第四，在新技术革命的背景下，重构成长是基于关键技术、核心能力的成长。将来纯粹依靠商业模式创新而重构成长的情形会越来越少。即便商业模式创新，也需有先进的技术基础。拓展新技术应用的范围和深度，通过技术进步创造需求是未来经营及商业模式创新的主要路径。机会和能力两个战略要素相比，能力变得更为重要。过往几十年盛行的机会导向战略将让位于能力导向战略。战略的钟摆又一次偏向了能力一侧。[⊖]在此背景下，互联网时代似乎黯然失色的部分日本、德国企业，又将迎来春天。

第五，欲开发和掌握关键技术，重构成长企业，需有强大的技术资源开发、动员、组织和整合能力；需在全球范围内，聚集大量的顶级技术人才，展开广泛的技术开发合作。在国家之间、"头部"企业之间技术竞争更加激烈、残酷的背景下，需集中优势力量锲而不舍地攻占技术高地，积累技术标准和知识产权，形成技术优势。同时，采取富有智慧的技术竞争及博弈策略，缩小和技术领先者的差距。

第六，重构成长企业，处于更加广阔的竞争合作背景之下，既需参与强度更大的竞争，亦需注重战略性合作。以往的竞争，是企业与

　⊖　Robert E Hoskisson, Michael A Hitt, William P Wan, Daphne Yiu. Theory and Research in Strategic Management: Swings of a Pendulum ［ J ］. Jaurnal of Management, 1999, 25（3）: 417-456.

企业之间的竞争、战略群组与战略群组之间的竞争；现在的竞争，是产业与产业之间的竞争（相互渗透、跨界和替代），是生态和生态之间的竞争。而在战略群组、产业和生态内部，又存在网络化的密切协同。在复杂竞合关系网络下，谁是对手、谁是伙伴往往是模糊的：非友非敌，亦友亦敌。同时，万物互联、数字化生存时代，战略群组、产业和生态之间，亦有数字标准、技术标准统一的生产力发展内在要求。重构战略时，如果立志做平台、做生态，则需构建万木生长的坚实土壤，如底部技术平台（操作系统、通信平台等）以及海量用户流量和用户资源等，并成为技术标准、数字标准的制定者。对内需团结和服务所有的生态成员，放大赋能机制；对外则需争夺底部技术和标准的拥有权和解释权，扩大生态边界，提高生态内部的协同效应。对于未来全社会共享的基础技术，以开源、开放方式与其他生态共同开发。而立志于"被生态化"的企业，则需聚焦超越其他企业的关键专长，在生态内部（包括产业和群组内部）的竞争中立于不败之地；同时充分分享群组、产业、生态等的外溢价值，并努力回馈生态，为生态的繁荣茂盛做出贡献。需要指出的是，无论什么企业，在复杂的竞合关系下，只要坚持顾客价值导向，将顾客原则置于首位，就一定能找到合适的竞合策略。面向未来，我们不能只讲共生，也不能只讲竞争，而是要在共生和竞争的"叠加状态"中生存。

重构成长的战略路径之一：重选一片海

进入重构成长阶段的企业，无疑需重构战略。那么，相应的问题是：战略如何重构？战略重构的方向和路径是什么？对哪些战略环节和要素进行重构？

战略重构的主要背景是企业原有主业老化（参见第四章）。因此，"重构"包括两方面的内容和路径：一是进入新的业务领域，以新业务逐渐替代老业务；二是创新商业模式，使老业务重新焕发青春，使其成长曲线重新抬头上行。有的读者或许会问：新业务需不需要商业模式创新呢？当然需要。不过，我们在谈及"新业务"时，其中就蕴含着新的商业模式。例如，华为、小米、阿里等企业都进入了音箱领域。在当今的语境下，只要提到音箱，一定是指物联网化的、与人工智能有关的、作为流量入口的、有全新商业模式的智能音箱。

我们先来看看战略重构的第一条路径：重选一片海，即改变水域。本来行驶在大西洋的船，改变方向进入了太平洋。很多企业原先赖以生存的市场空间出现了萎缩，甚至不复存在。这时就需要寻找一片新的海洋。这片水域当然最好是蓝海。如果找不到合适的蓝海，有时即便是红海，也要奋力进入，否则企业就有可能退出市场竞争而消亡。这从一个侧面说明：重构成长并不意味着追逐模糊渺茫的目标，必须具有一定的可行性。阿里拓展云服务业务，是"重选一片海"的典范。

企业之船向新的水域进发，成长曲线很可能是非连续的（即与现有业务"无关"）。不管原有业务是否续存，"第二曲线"的拉升没有"第一曲线"的路径依赖。曾经在手机领域全球领跑的诺基亚，最初曾以造纸为主业，后来陆续进入过橡胶、电缆、电子等业务领域。近年来日本松下、东芝、夏普等陆续退出家电行业，成为与家电产品基本无关或关联不大的物流、新材料、新能源企业。

有些企业重构成长时，虽然"第二曲线"是独立的全新业务，但与原有的技术基础、顾客基础等有一定的关联。丰田汽车创始之初从事纺织机械业务，后来进入汽车产业，与原先的工艺设备、技术基础有一定联系。未来它很可能变成新能源和机器人企业，与汽车燃料技术以及生产过程自动化技术是分不开的。从远处看，"第一曲线""第二曲线"是两条独立的、非连续的大河，但从近处看，彼此之间有沟溪的连通，甚至有短途的叠合。我们也可以将这种情形理解为"连续""非连续"的中间状态。

有些情形下，改变水域，是一个连续的过程：先进入一个相邻水域，再进入相邻水域的相邻水域……IBM从大型计算机到小型计算机、从硬件到软件、从软件到云服务的转型轨迹，蕴含着清晰的前后相承的逻辑关系。但如果从较长的时间跨度看，最新业务和初始业务基本上不相关了。

显然，进入陌生领域，风险和不确定性较大，成功的概率较低，而成功的关键在于对新业务领域核心管理及技术人才的吸纳。这对企业的领导力和文化的包容性是严峻的考验。同时，新业务拓展常常通过收购兼并实现，这对企业的管理整合、文化整合能力提出了较高的要求。

企业如果选择了新的业务，而又未从原有业务中退出，则会形成新老业务并存的局面。对新老业务，既要根据它们在属性、特征、运作方式、能力要求等方面的差异程度，确定管理上的隔离程度，避免相互拖累，同时又要为它们提供基础性的、共享性的管理平台和资源平台。

"重选一片海"和分蘖成长阶段的多元化业务扩张是有差异的。首先，后者意味着同一基础（技术、顾客、渠道、品牌等）上的相关多元成长，而前者往往指进入与现有业务关联度较低的全新产业。其次，"重选一片海"的前提是原有业务枯萎，或者商业模式老化；因此，"重选"的通常是技术含量更高或者商业模式更有优势的新兴业务。

重构成长的战略路径之二：改变目的地和航线

在特定的海域——可能是新的，也可能是老的——航行，但欲到达的港口有可能发生变化。原先前往近海港口的，现在要前往远洋港口；原先要向北行驶的，现在南边才是归宿……在目的地设定的前提下，到达目的地的航线（实现目标的途径）可能有多条。对船长来说，有可能需要重新选择一条最佳路线：可能最直，可能最快，也可能最安全……以上这些调整变化，都可以归入商业模式创新。它是战略重构的第二条路径。

与战略重构相关的商业模式创新，可以分为三个层次：一是基础层面的商业模式创新，即对商业模式最基本问题解决方案（如果把商业模式视作一个系统，这是其最主要的输出）的创新；二是运营层面的商业模式创新，主要涉及收入模式的创新；三是结构层面的商业模式创新，这里主要指多个商业模式单元组合起来的平台化、生态化创新。

（1）基础层面的商业模式创新。

第一，改变业务目标。例如，从规模目标转向利润目标；从利润目标转向顾客资源和流量目标（这是互联网行业通行的经营目标定位），或转向现金流目标。目前，对我国许多企业来说，最重要的目标转变是从规模化增长转向高质量增长，即技术驱动的、有较高附加值的内涵式增长。

第二，改变目标市场（特定顾客群或需求集合）定位，即创新顾客。通过重新定义顾客，寻找新的市场空间。可以扩大目标市场，使有效需求总量和市场容量放大；也可以与此相反，缩小目标市场，更加聚焦于细分领域；还可以进行目标市场的转移，从原来的目标市场转向新的目标市场。以小米手机为例，其成长初期销量爆发性增长，一个很重要的原因在于精准的目标市场定位——年轻的中低收入人群。现在，以往的年轻人已经长大了，他们对手机的价值尤其是心理价值有了更高的要求。而新一代年轻人需求个性化程度高且消费力更强。因此，小米手机可能需要改变目标市场定位：更高一些，更宽一些，提升产品的层次和附加值。

第三，改变顾客价值定位。它就好像一艘千里之外开来的船，给港口上翘首以待的人们制定的一份货物清单。它是企业业务系统最重要的功能设定，它决定了业务系统的结构和运行方式。西班牙服装品牌 ZARA 将顾客价值定位于"快"（款式和品种快速转换，体现服装的时尚属性），其价值链围绕着"快"字组合和运行。而日本服装品牌优衣库，将顾客价值定位于价格实惠的高品质"良品"，长期致力于优质新型面料的开发，如摇粒绒、发热纤维、凉感纤维、速干纤维等。需要特别说明的是，顾客价值定位的转变，对传统行业企业来说往往具有特殊意义，这是一些已步入成熟期甚至衰退期的业务起死回生、老树新花的关键。在电子商务冲击下，传统线下书店一片萧条，但我国台湾的诚品书店却长盛不衰，很重要的原因是，诚品书店将顾客价值定位为"学习、社交、体验、展示"多重价值组合，从而形成了复合经营、吸引顾客、流量变现的商业模式。互联网时代，顾客价值重新定义的准则是：一切都是数据，一切都是符号，一切都是娱乐，一切都是互动，一切都是体验和服务。其创新的主要方向是价值的延伸和嬗变。

第四，改变价值生成机制，即创新价值链（价值网络）。所谓价值生成机制，主要解决在目标顾客和顾客价值已经设定的前提下，如何创造价值，如何开发价值源泉，如何形成周而复始、循环上升的"端对端"价值活动闭环等问题。从价值链分环节创新角度看，在研发环节，可以改变传统的封闭式研发模式，整合利用外部研发资源，模块化地进行研发分包；在生产环节，可以将生产体系平台化，以市场化方式倒逼其提高生产效率，降低生产成本；在营销和销售环节，可以采用新的渠道模式，创新品牌传播途径以及顾客体验场景等。从价值链整体创新角度看，可以将规模化交付改为个性化定制；或者，开放价值链，搭建平台，引进来自企业外部的多个主体共同为顾客创造价值；等等。在互联网和工业4.0时代，更加柔性、更加敏捷、更加开放、更加融合、更加智能，是价值链及价值网络的主要创新方向。

（2）运营层面的商业模式创新。

运营层面的商业模式创新，是基础层面商业模式不变的前提下，对经营方式以及收入方式的创新。顾客未变、价值未变、价值链的价值网络未变，但交易结构和交易方式变了。

第一，从产品模式到运营模式，即从通过销售产品获取收入改为通过产品运营获取或分享收入。例如，制造混凝土施工车辆的企业，可以组建混凝土服务车队，通过出售混凝土或者提供混凝土加工服务获取收入。一般情况下，产品（通常是大型设备）提供方不直接运营，而是将产品交给从事运营的专业客户，分享这些客户经营收入的一部分。

我们经常看到的BOT（建设—经营—转让）模式、EPC（合同能源管理）以及PPP（政府和私人资本合作）等，大都属于运营模式。以火力发电厂环保工程为例，设备企业向发电厂提供的脱硫脱硝设备，价格高昂。但是有一项国家政策使商业模式创新成为可能。即国家以每度电几分钱的形式，向硫硝排放合格的电厂提供环保补助。设备企业可以免费向发电厂提供设备及服务，收入来源是国家的环保补助。这意味着发电厂将一部分运营收益转移给了设备供应商。在教育、医疗、水务、运输、旅游、娱乐、检测、机械加工以及再生物资等众多领域，运营式商业模式有巨大的适用及发展空间。

第二，从交易模式到关系模式。目前，大部分企业的商业模式都是简单的交易模式。交易完成了，双方的合作也就结束了。在互联网时代，企业可以将合作关系延长，使一次性交易顾客成为终身顾客。

这样，深化与顾客的关系，就成为比实现产品（服务）销售更重要的经营任务。在线上、线下两个空间内，借助微博、微信、社区等多种社交网络手段，运用社群的组织机制，可以增加企业与顾客、顾客与顾客彼此间的连接和互动，增进彼此的信任和情感；换个角度看，通过关系模式，可以进行市场的深度挖掘，保证顾客这眼"井"永远有水。顾客社群规模大了，内部连接多了，自组织机制形成了，还可以衍生出一些让顾客自己"唱戏"的其他平台型服务项目和商业模式。

第三，从分散服务模式到云服务模式。什么是分散服务模式？就是提供一单一单、一件一件、一个项目一个项目的服务。例如，用友等软件企业，其以往的服务模式是针对每个企业提供特定的软件（有小型的财务软件，也有大型的 ERP 系统等）。目前，用友等软件企业都在转型，要成为云服务的提供商。企业建立一个资源池，里面包含多种企业软件。企业有软件需要，可以租赁等方式获取使用权。如此一来，软件企业获得了宝贵的数据资源，和人工智能结合起来可以不断延展服务。

未来，在教育、医疗、知识及信息服务等领域，云服务将成为主流的运营模式和形态。

第四，从价值链封闭模式到嵌入外部价值链模式。最常见的做法是将 IP 嵌入其他企业价值链获取版权、著作权、特许权等知识产权收入。ARM 是英国的芯片企业（已被软银集团收购），主要设计芯片的基础架构。和传统芯片企业不同，ARM 没有将产品价值链封闭起来，完成从设计到加工的所有环节，而是将芯片设计方案嵌入其他众多的应用性芯片——如高通的手机芯片之中。高通则向 ARM 支付知识产权费用。这是一个非常优异的收入模式，适用于众多知识密集型、文化密集型领域。实际上，我们也可以将这种商业模式视作基于平台型产品（如 ARM 的芯片基础架构方案）的平台模式。

（3）结构层面的商业模式创新。

结构型商业模式创新，是多个商业模式单元（通常为一条价值链）组合方式的创新，主要指从单一的价值链模式转向服务于多边市场的平台模式或生态模式（复杂的平台模式就是生态模式）。对于非常渴望做平台、热衷于研究平台的读者来说，最想问的可能是：还有没有机会做平台？换句话说，还有哪些类型的平台可以尝试？下面，我们来回答这一问题。

第一，基于顾客资源以及顾客社区，吸引其他服务主体参与的平台。以大学商学院为例，高端企业家资源是未来最有价值的资源之一。如果把 EMBA、MBA 以及总裁班学员资源整合起来，就有可能以此为基础，形成复合型、平台型的商业模式。可以引进有关服务机构，拓展服务内容（如健康服务、咨询服务、投资服务等）等。这种平台化创新对服装、餐饮、旅游、零售等许多传统行业及企业来说，具有很强的可操作性。

第二，基于内部自组织、分布式运行的平台。假如一所大学校长，对所有的系主任说，你们可以任意创建内部学院，只要你们能够适应市场需求、招来生源。这样，这所学校就变成了一个内部创业的平台。海尔等企业正在进行类似的尝试。这种平台化创新，比较适合于创意、时尚及内容产业，如影视、游戏、出版、设计等。

第三，基于分散资源，进行资源整合、交易撮合、顾客体验创新以及过程控制等的平台。这类平台的代表就是滴滴快车。继民居、汽车、自行车等物质形态的分散资源之后，未来最有可能被整合的资源是人力资源和知识资源。

第四，基于产业联盟、产业协作体，提供多种服务的平台。这样的平台目前处于萌芽阶段，但未来具有巨大的前景。平台的主办方，可以是产业中的领先者或标准掌握者，也可以是平台型电子商务服务商。例如，从事 B2B 业务的钢铁电子商务平台，面向钢铁行业上下游企业提供基础性交易服务，可以把客户联合起来，形成一个产业联盟。基于这个共同体，构建平台，吸引其他主体参与，为联盟成员提供信息（数据）、培训、咨询、人力资源、供应链金融、物流等一系列的服务。同时，联盟成员之间彼此形成交互和服务关系。除钢铁行业外，化工、陶瓷、包装、机电等许多领域，产业联盟的服务平台刚刚兴起。

第五，更加垂直细分领域的 B2B（企业对企业）、B2C（企业对个人）电子商务平台。首先是 B2C。例如，目前已有面向 95 后的电子商务平台。这是按年龄维度的用户细分。我们还可以按照其他维度（行业、技术、文化潮流、产品档次等），找出垂直细分市场，以专业化平台方式提供服务。其次是 B2B。尽管 B2B 刚刚起步，但是未来大有可为。最近竞争比较激烈的是化工原材料以及塑料等 B2B 平台，因为这类产品品种繁多，没有太多的售后服务，包装与物流也比较方便。纺织面料、食品原料等也会成为"重头戏"。再往后，就是机电设备类产品。

第六，整合信息、数据、内容、应用的各类网络服务平台。携程、美团这样的实用型、流量入口型服务平台，微信这样的通信型、社交型服务平台，总的来说越来越难以出现了，但还是有可能产生。近年来内容服务类网络服务平台（如抖音、今日头条等）异军突起，且越来越具有社交属性，在一定程度上昭示着网络平台创新的方向。在大数据、云计算以及万物互联时代，各种专业性的云服务平台以及基于物联网的服务平台将会迅猛发展、越来越丰富，如教育平台、医疗平台、金融平台、物流平台、智慧城市平台等。

商业模式创新，是获取整体优势、超越竞争对手的最有效手段，一定程度上也意味着产业竞争规则的改变和产业的重新定义。就方法而言，针对成熟商业模式，可以按辩证原则进行"反向"创新：别人"慢"，我就"快"；别人以复杂模式取胜，我就以简单模式超越；别人扩大产业链范围，我就聚焦于产业链局部环节或少数产品……以上所有表述，反之亦然。在自由、开放的市场经济大舞台上，商业模式的创新恰如百花齐放，"故者未厌，而新者已盛"！

重构成长阶段的组织特征：叠加组织

上一章，我们已经对与战略重构相关的组织重构及变革做了说明。相应的问题是：组织变革之后，未来的组织究竟是怎样的形态？它究竟具有哪些基本特征？换句话说，什么样的组织能够支持企业未来的"重构"或"整合"成长？很多专家对此问题进行了思考，提出了平台组织、生态组织、有机组织等概念。但这些概念要么只有局部的解释力，不能涵盖所有的未来组织形态（如平台组织）；要么太空泛，不具有清晰的实践意义（如生态组织、有机组织）。"生态""有机"的方向是正确的，但需将它们的状态、结构、运行机制揭示出来。

组织的演化是受环境影响的。不确定的外部环境对企业组织提出了多方向进化要求，比如既要跑得快又要有耐力（豹子只有速度没有耐力就很可能被淘汰），既要有大块头又要有灵活性，既要有个体能力又要有组织能力……这意味着组织以往的单一优势已不能适应未来的物竞天择。由此可以得出结论，未来的组织将呈现出叠加状态（这里我们借用了量子物理的概念），即几种形态、特征同时存在：既是这样，也是那样；在战略、文化及管理行为的作用下，既可以这样，也可以那样……

第一，既是大企业，又是小企业。[⊖]这有两层含义：一是既有大企业的组织架构，又有小企业的灵活机制。企业中的各种专业职能和活动，可以分解为责权边界相对清晰的组织模块；模块内部具有高度的一致性（统一协调和指挥）和不同范围的集成度，能独立发挥作用。企业根据需要，可以将大大小小的组织模块灵活组合在一起完成或微观或宏观不同层次的任务和目标。这种组织形态类似于积木，既有一个个的小部件及组件，又能构建体量较大的整体性物品。二是既能以分布式组织形态分散运作（小企业），又能以任务为纽带将人员、团队集合起来，集中力量办大事（大企业）。也就是说，根据市场竞争需要，既能分兵出击，又能迅速集结、大规模投送。正所谓聚像一团火，撒似满天星。将大组织和小组织统一起来的基础和条件，是所有组织成员具有统一的价值观，以及适应多种组织形态、运作模式及竞争环境

⊖ 沃伦·本尼斯.经营梦想［M］.姜文波，译.杭州：浙江人民出版社，2017.

的复合技能（各种仗都会打）。同时，设计局部模块及运行机制时，从整体功能、结构、标准出发，使每一个"局部"都符合整体要求，具有相互连通的接口。此外，组织由小至大或由大至小，都有公共管理职能（人力资源管理、企业文化管理、信息系统管理、公关法务管理等）平台的保障和支持。

这种弹性的叠加状态，既能顺应市场变化、应对外部环境的不确定，又能集中优势资源、完成重大任务。

第二，既是自由人，又是共同体。自由人有三个标志：一是具有较大的决策权限（尤其是基层员工）。传统的企业治理模式，权力来源于财产和资本，企业内部的权力关系是自上而下层层授予；而在用户价值时代，权力来源于用户，企业的权力结构为自上而下的员工获取——基于用户价值创造的需要确定员工应获取的权力种类、范围等。这是责权清晰、责权对等的倒金字塔型企业治理架构，将用户为本和员工为本有机统一起来（这也是一种叠加态）。二是不机械地完成单一任务，不被禁锢在固定的职位上；其角色具有多样性，工作具有丰富性，职位具有流动性，自主性和创造性得到充分的尊重。三是在普遍分享的前提下，一定程度上摆脱了雇用关系，真正成为企业的主人。而主人翁精神就是自由精神。在激发个体的同时，未来的组织以数据、流程、文化以及责权利机制为纽带，将成为利益、事业和使命三重共同体。就像一支顶级足球队，个体自由发挥和团队配合相互契合、相得益彰。随着人工智能技术的发展，大量简单劳动将被机器所替代，企业员工大都从事创造性、知识性工作。他们自主性更强，能量更大，也更注重沟通和合作，正如一首诗里所说的，"仿佛永远分离，却又终身相依"（舒婷《致橡树》）。借用波粒二象性原理，他们既是"粒子"（自由人），又是"波"（与他人的关系）。

这种个体和整体相统一的叠加状态，既不是单一中心的集中控制式，也不是多中心的分布式，而是控制中心动态变化、个体按需配合、组织随物赋形（根据任务、战略而变化）的有机组织。

第三，既无边界，又有边界。在互联网连接平台上，企业与顾客、合作伙伴，无论何时、无论何地都可以直接互动、交流，真正做到融为一体。正因为如此，组织打破了边界：创造价值的活动对外部开放，顾客及合作伙伴在哪里，组织就在哪里。同时，企业可以在广阔的空间里整合资源、汲取能量。在价值创造及资源整合活动无边界的同时，价值网络（生态链或生态圈）上各个主体的权利是有边界的，有清晰的界定。这是各主体自主、自发合作和交易的前提。此外，在无边界的状态下，企业既需用"一杯咖啡吸收宇宙的能量"（任正非语）——充分吸纳外部知识，又需锤炼、开发独有的、高密度的、高能量的关键技术及知识产权。

活动和交易无边界，但是主体权利有边界；知识无边界，但专有的知识产权有边界。这种叠加状态使企业既可融入生态，同时又能独立生长。

叠加组织的管理模式，包括三层架构：一是基础层面的管理职能平台，即价值观平台和信息流平台。它们是企业成为"组织"和"共同体"的充分和必要条件。二是机制层面的利益共享机制和授权机制。这既是组织动力、活力之源，也是使组织整体目标与个体目标相一致的纽带。三是运行层面的驱动因素：全局战略性任务和局部模块性任务。前者来自于企业统一指挥系统，后者来自于基层机构（包括分布式自组织）。概要地说，即两个平台、两种机制、两类因素。

重构成长阶段的企业风险

进入重构成长阶段的企业将迎接新航程的考验。这一阶段的主要风险有：

第一，在充满不确定性的航线上，没有航标，没有其他可作为参照物的船队（甚至连竞争者都没有），很容易失去方向，找不到成长路径。这是战略层面的风险。例如，目前几乎所有的家电巨头都表示要大力拓展基于物联网的智能家居业务，但产品形态、商业模式等其实并不清晰，只能雷声大、雨点小地摸索和尝试。再例如新能源汽车行业，国家花费了巨额补贴，许多企业投入了巨额资源，但到目前为止，未来主流的新能源动力形态以及电池的技术路线都尚未有明确的结论。这意味着战略尚未真正"重构"，成长曲线还在徘徊。

第二，面对未来更加严峻的考验，企业家领导力不足。表现在以下几个方面。一是在我国近几十年顺境中成长起来的一些企业领导人，未经真正逆境的磨炼，缺少克服困难、艰苦奋斗的意志和心理准备，同时也缺少解决疑难问题的经验。二是当国际市场环境和全球经济秩序发生重大变化时，企业领导人应对能力欠缺。在错综复杂的国际竞合关系中，如何设计最佳的博弈方案；在越来越严重的贸易壁垒中，如何开辟出一条出路……对很少在国际经济的中央舞台上纵横捭阖的我国企业家来说，这是新的课题和挑战。三是当企业攀爬至山腰开始向山顶攻击，需要聚集更大规模、更高层次人才（尤其是顶级人才）的时候，企业领导人的胸怀、境界、修养以及专业知识不符合人才的期望。换句话说，顶级人才对企业领导人的非权力影响力不认同、不信服。

第三，进入"无人区""深水区"的企业，其价值观的牵引力、支撑力、辐射力不够强劲。人们总是在呼唤使命意识，企业家们总希望在"致良知"中获得心理能量，这可能恰恰是使命、心力欠缺、薄弱的一种折射。面对未来漫长征程上的风风雨雨甚至惊涛骇浪，企业全体成员能否风雨同舟、齐心协力，组织文化能否起到凝聚人心、增进共识、激发斗志的作用，还需打一个问号。中国企业的价值观往往是人格化的，体现在企业领导人（尤其是创始人）的言行、修为之中。一旦企业领导人退出，原有的高浓度文化就有可能稀释和流失；换句话说，企业成员对超越企业领导人的价值理念，往往缺少持久、坚固的认同和追求。文化系于人，这是深层次的风险。此外，中国企业国际化进程之中，其文化的包容性、适应性、影响力以及平台作用能否随之发展，其文化能否与不同的外部文化背景对接、融合（是否具有普适性），也是令人担忧的。

未来几十年，是中国优秀的头部企业重构成长的关键时期。面对种种不确定性，欲突破难关，实现超越生命周期的成长，成为基业长青的百年企业，唯靠理念、勇气和智慧！

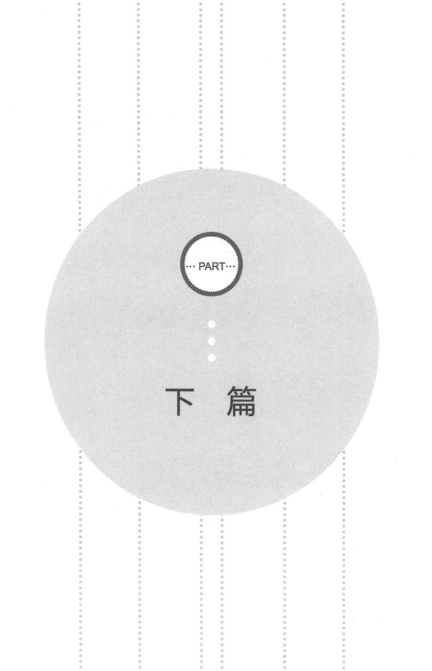

PART

下 篇

华为成长全景案例

华为的成就

2001 年 4 月，任正非访问日本，参观完气势宏伟的松下博物馆，同行的华为管理顾问、中国人民大学教授吴春波提议华为以后也要建一个大的博物馆。任正非不假思索地脱口而出："华为不需要历史"，说得极为决断。2012 年 11 月，在展厅汇报会上，任正非再次强调："我们不展示历史。"[⊖]

在华为的文化里，没有恋历史情结，强调一切向前看。但是，在中国文化背景下怎样管理一个世界级的大型企业，至今尚无成熟的经验和管理体系。华为是少数走出来的几家公司之一，我们有必要回望华为的成长历史，以求有所认识、有所发现、有所参考。

⊖ 吴春波 . 华为没有秘密 . 北京：中信出版社，2017.

华为投资控股有限公司，2010 年之前为"华为技术有限公司"，创立于 1987 年，是全球领先的信息与通信技术（ICT）解决方案供应商，目前业务遍及全球 170 多个国家和地区，约有 18 万名员工，2017 年销售收入 6036 亿元[⊖]，2018 年预计实现销售收入 1085 亿美元[⊖]，2018 年《财富》世界 500 强第 72 位，2018 年 Interbrand 最佳品牌排行榜第 70 位，成为唯一进入 TOP100 的中国公司。

华为的研究和学习价值，体现在以下四个方面。

（1）持续成长的范例。

实现可持续增长是管理永恒的任务。在中国现有的企业里，几乎找不到第二家像华为这样长期持续增长的公司。

华为的增长曲线近乎完美（如图 6-1 所示）。自 1987 年创立以来，华为保持了持续 30 年快速增长的奇迹。从华为的销售收入增长数据看，华为历史上仅有的一次负增长，出现在 2002 年，其销售收入从上年的 225 亿元[⊜]下滑至 221 亿元，而这一时期，华为正处于著名的"华为的冬天"。

和华为同时代成立的企业，或多或少遇到了困境，但华为却显得"活力依旧"。华为近年在数千亿元收入规模上，仍然保持着足够的活力，高速增长：2014 年销售收入为 2882 亿元；2015 年增长 37%，达

⊖ 数据来源：华为投资控股有限公司 2017 年年度报告，如无特别说明，本章有关华为销售、财务、员工等方面的数据均来自华为历年年报。
⊖ 华为轮值董事长郭平 2019 年新年致辞。
⊜ 2002 年度华为销售收入数据在不同文献中有出入，对比不同文献后，采用本数据。

3950 亿元；2016 年增长 32%，达 5216 亿元；2017 年增长 16%，达 6036 亿元；2018 年在 2017 年的基础上，又增长 21%[⊖]，达 7000 亿元以上。

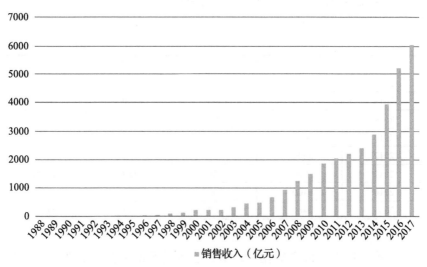

图 6-1　华为历年销售收入

资料来源：　2004 年之后，华为历年年报；2003 年之前，吴春波 . 华为没有秘密 [M]. 北京：中信出版社，2014：318-322. 个别数据，有修正。

（2）全球化最彻底的中国企业。

所谓全球化，是指"以国际社会普遍认可的价值观和方式，用全球的资源做全球的生意"。中国企业的全球化，分三个层次：第一层次是产品和市场全球化，即把产品销往海外市场；第二层次是资源全球化，即在全球范围内整合并配置资源；第三层次是文化全球化，即在文化上保持民族特性的同时，形成普遍的包容性。

⊖　华为轮值董事长郭平 2019 年新年致辞。

在第一层面产品全球化上，大量的中国企业已经做到。目前，华为业务遍及全球 170 多个国家和地区，服务全世界三分之一以上的人口。⊖自 2005 年海外收入首次超过国内收入以来，海外收入的比重一直保持在 54% 到 70% 之间（如表 6-1 所示）。⊜

表 6-1　华为历年国内收入和海外收入　　　（单位：亿元）

年份	总收入	国内收入	海外收入	海外比重
2016	5200	2400	2800	54%
2015	3900	1600	2300	59%
2014	2900	1100	1800	62%
2013	2400	840	1560	65%
2012	2200	740	1460	66%
2011	2000	650	1350	67.5%
2010	1800	600	1200	67%
2005	480	202	278	58%

在第二层面资源全球化上，华为已经遥遥领先于大多数中国企业。至 2017 年 12 月 31 日，华为拥有员工约 18 万名，超过 160 种国籍，海外员工本地化比例约为 70%（如表 6-2 所示）；截至 2014 年，全球研发中心总数达到 16 个，联合创新中心共 28 个；截至 2018 年，在全球 11 个国家建立 5G 创新研究中心。⊜目前，华为的三大财务风险控制中心分别设在伦敦、东京和纽约，充分利用三个民族的不同特征，确定不同的控制内容。伦敦风控中心提供金融税务政策及操作规则指引，东京风控中心专注项目风险控制，纽约风控中心帮助公司判断和应对宏观经济上的风险。⊜

⊖　数据来源：华为投资控股有限公司 2017 年年度报告。
⊜　数据来源：华为历年年报。
⊜　数据来源：华为官网。
⊜　黄卫伟，等. 价值为纲 [M]. 北京：中信出版社，2017：110-114.

表 6-2 华为国内员工数量和外籍员工数量 （单位：万人）

年份	总员工数	国内员工	外籍员工	海外比重
2016	18	14.5	3.5	19.444%
2015	17	13.6	3.4	20%
2014	17	13.5	3.5	20.588%
2013	15	12	3	20%
2012	15	10.8	4.2	28%
2011	14.6	11.7	2.9	19.863%
2010	11	8.8	2.2	20%
2009	9.5	7.8	1.7	17.895%

在第三层面文化全球化上，截至 2014 年，在全球加入 177 个标准组织和开源组织，在其中担任 183 个重要职位。[一]作为负责任的世界级企业公民，华为致力于消除全球数字鸿沟，在珠峰南坡和北极圈内，在西非埃博拉疫区、日本海啸核泄漏区、中国汶川大地震灾区等重大灾难现场，都有华为人的身影[二]；华为"未来种子"项目已经覆盖 108 个国家和地区，帮助培养本地 ICT 人才，推动知识迁移，提升人们对于 ICT 行业的了解和兴趣，并鼓励各国家及地区参与到建设数字化社区的工作中[三]。

（3）技术进步的典范。

研发能力不足是困扰绝大多数中国企业的最大难题，严重影响了中国企业的国际竞争力。近年来在国际竞争中，华为在研发创新方面的表现不凡，截至 2017 年年底，华为累计获得专利授权 74 307 件，

[一] 数据来源：华为官网。
[二] 华为投资控股有限公司 2014 年年报董事长致辞。
[三] 华为投资控股有限公司 2013 年年报董事长致辞。

累计申请中国专利 64 091 件，累计申请外国专利 48 758 件，其中 90% 以上为发明专利。[⊖]根据世界知识产权组织（WIPO）公布的 2017 年全球国际专利申请（PCT）排名，华为排在第一位；专利分析公司 IFI Claims 发布的 2017 年度在美国获得专利最多的公司名单中，华为以 1474 件专利成为唯一一家进入前 20 名的中国企业。

华为在研发方面的表现，归功于"坚持每年将 10% 以上的销售收入投入到研究与开发"。事实上，华为近年的研发投入都远远超过了销售收入的 10%。例如，2016 年研发费用支出为人民币 764 亿元，约占全年收入的 14.6%；2017 年研发费用支出为人民币 897 亿元，约占全年收入的 14.9%；近十年累计研发投入为 3940 亿元。[⊜]

欧盟最新发布的《2017 欧盟工业研发投资排行榜》（*The 2017 EU Industrial R&D Investment Scoreboard*），对全球研发投入最高的 2500 家企业以及欧盟研发投入最高的 433 家企业的研发、销售、盈利和员工情况进行了调查，在研发投入排名前 50 的企业中，只有一家中国企业上榜，就是华为，总投入 103 亿欧元，约等于人民币 800 亿元，位居全球第 6 位，超过了苹果。

（4）知识型企业管理的优秀实践者。

能够和西方先进企业在技术领域同台竞争，建立在华为对知识型员工的有效管理上。华为是典型的知识型企业，知识型员工在公司占有主体地位。以 2017 年为例，在华为从事研究与开发的人员约有 8 万

⊖　数据来源：华为官网。
⊜　数据来源：华为投资控股有限公司 2008～2017 年年报。

名，占公司总人数的 45%。[⊖]

华为很早就明确了知识型员工在公司的地位。在 1998 年 3 月颁布的《华为基本法》中，就明确认定了"知识"在企业价值创造中的地位："我们认为，劳动、知识、企业家和资本创造了公司的全部价值[⊜]"，并明确规定了"知识"在公司利益分配中的地位："我们是用转化为资本这种形式，使劳动、知识以及企业家的管理和风险的积累贡献得到体现和报偿；利用股权的安排，形成公司的中坚力量和保持对公司的有效控制，使公司可持续成长。知识资本化与适应技术和社会变化的有活力的产权制度化，是我们不断探索的方向。[⊜]"

《华为基本法》中约定的理念在华为分配中得到了很好的体现。从 1990 年开始，华为就通过员工持股计划与员工分享企业的成就，实现"知识资本化"。截至 2017 年 12 月 31 日，参与华为员工持股计划的人员已经达到 80 818 人，占全体员工人数的 45%，而华为的创始人任正非，也参与公司的员工持股计划。其出资部分，仅占公司总股本的约 1.4%。^㉓

华为在现实收入分配中，用于员工分配的部分也远高于公司的利润。2010 年至 2017 年的数据显示，华为用于员工的总支出和用于研究开发的总支出，占总营业收入的比例分别为 20%～23%、10%～15%，与此同时净利润占总营业收入的比重仅为 6%～10%（如图 6-2 所示）。

⊖　数据来源：华为投资控股有限公司 2017 年年报。
⊜　《华为基本法》第十六条。
⊜　《华为基本法》第十七条。
㉓　数据来源：华为投资控股有限公司 2017 年年报。

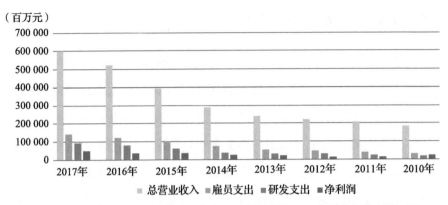

（百万元）

图 6-2　华为 2011 ～ 2017 年总营业收入、雇员支出、研发支出与净利润对比

华为成长阶段划分

华为自 1987 年创立至今，历时 31 年，经历过多次变革，实现了多个方面的跨越：销售收入规模从 0 发展到 2017 年的 6036 亿元，员工从 6 人发展到 18 万人，从一家贸易代理企业发展为同时拥有运营商事业群、企业事业群和消费者事业群三大业务，从行业积极跟随者发展到行业领先者。

历史地、逻辑地看待华为的成长过程，可以将其成长过程划分为如下阶段（如图 6-3 所示）。

1987 ～ 1992 年，创业阶段。在本阶段，华为完成了业务模式的试错，从做用户交换机代理生意，转向企业用交换机研发生产，并于 1992 年决心进入局（运营商）用交换机研发生产业务。在以后的 20 余年中，运营商用通信设备业务一直是华为的主营业务。除此之外，找人成为另一项中心工作，华为用尽各种方法寻找人才。

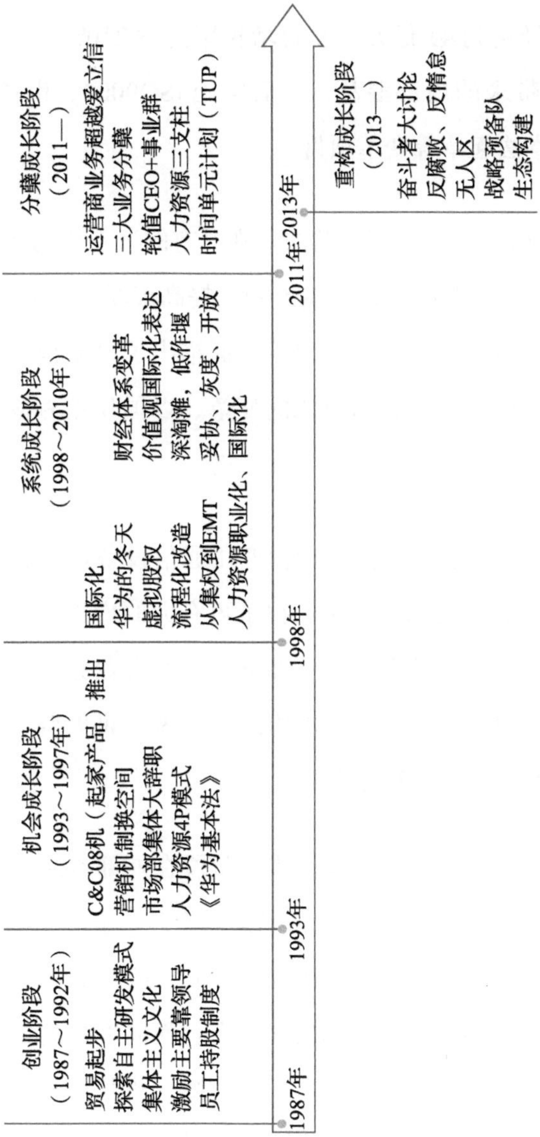

图 6-3 华为成长阶段划分

创业阶段（1987~1992年）
贸易起步
探索自主研发模式
集体主义文化
激励主要靠领导
员工持股制度

机会成长阶段（1993~1997年）
C&C08机（起家产品）推出
营销机制换空间
市场部集体大辞职
人力资源4P模式
《华为基本法》

系统成长阶段（1998~2010年）
国际化
华为的冬天
虚拟股权
流程化改造
从集某权到EMT
人力资源职业化
财经体系变革
价值观国际化表达
深淘滩，低作堰
妥协、灰度、开放
国际化

分蘖成长阶段（2011—）
运营商业务租逾爱立信
三大业务分蘖
轮值CEO+事业群
人力资源三支柱
时间单元计划（TUP）

重构成长阶段（2013—）
奋斗者大讨论
反腐败，反惰怠
无人区
战略预备队
生态构建

1987年　1993年　1998年　2011年 2013年

1993～1997 年，机会成长阶段。在运营商用通信设备市场上迅速扩张，业绩以惊人的速度增长。1992 年，销售额突破 1 亿元；到 1997 年，销售额已经达到 41 亿元，复合增长率高达 210%。在此期间，为解决快速扩张带来的内部混乱，先后实施 ISO9000、市场部大辞职、绩效改革、基本法起草等变革项目。

1998～2010 年，系统成长阶段。在既有的运营商用通信设备业务领域，华为通过缩小与行业巨头的差距、提高市场占有率、扩张品类、国际化等方式实现扩张，同时在组织层面推出了以流程化为中心的企业再造、以职业化为核心人力资源的变革、以国际化为核心的文化变革，等等。

2011—，分蘖成长阶段。在运营商用通信设备业务领域，包括华为在内的几大巨头格局基本确定，很难再有大的增长和突破。华为适时将业务分拆为运营商业务、企业业务和消费者业务三大事业群，并针对三大业务，对组织结构和基本组织政策做了重大调整，推动了新业务突破，使得消费者业务迅速崛起。

2013—，重构成长阶段。分蘖成长阶段在外部看来是华为"历史上最好的时期"：管理日趋完善、经营遍及全球、业务三驾马车齐头并进，但"大企业病"这种组织顽疾也或多或少地困扰着华为。2009 年以来，针对大企业病，华为发起的变革有：面向客户的铁三角的组织变革，奋斗者文化大讨论，反惰怠、反腐败，班长的战争，等等。这些动作为华为业务多元成长及重构成长打下了基础。2013 年之后，华为不仅在运营商业务上成为世界范围内的行业老大，在终端业务上也逐步成为行业头部企业。这意味着，在大信息传送领域，华为正在进入"无人区"[⊖]。针对无人区，华为继续进行结构性变革，不仅涉及业务层面和组织层面，还涉及文化层面和人员层面。

创业阶段（1987～1992 年）：一半是被逼，一半是理想

华为的创业阶段是从 1987 年做小型交换机代理开始的，历经 5 年多的探索，逐步确定了主营业务方向，完成了创业团队的搭建。

（1）从贸易代理到自主研发：被逼出来的业务升级。

用华为创始人任正非自己的话说，1987 年创立华为时，是他人生路窄的时期。[⊖]创立华为之前，任正非在南油集团下的一家电子公司任副总经理，因为一笔生意被骗导致 200 多万元的货款收不回来，不得不离开南油集团[⊜]，走上创业之路。另一方面，20 世纪 80 年代中后期的深圳是邓小平发起的经济改革开放的桥头堡，无论当年的任正非有没有意识到，他创立的华为都处于时代的风口上。

初创时期的华为在资源禀赋上并没有什么"过人之处"，其所从事的通信设备代理业务，在 20 世纪 80 年代中后期，至少有 400 家企业做同类事情。[⊕]不仅业务类似，就连起名字，"华为"也有模仿早于其两年成立的"中兴"之嫌。

⊖ 《任正非在日本研究所工作汇报会上的讲话》，2014 年 3 月 31 日。
⊖ 任正非讲话：《一江春水向东流》，2011 年 12 月 25 日。
⊜ 张利华. 华为研发［M］. 北京：机械工业出版社，2017.
⊕ 田涛，吴春波. 下一个倒下的是不是华为［M］. 北京：中信出版社，2016：7-8.

华为的"过人之处"在于不甘于平庸。单位用小型交换机代理市场，最初属于买方市场，生意还算简单，但由于除了胆识之外需要的技能并不高，门槛很低，大量竞争对手涌入，这让华为的生意越来越难做。代理业务要想有竞争力，关键是"搞好客户关系，服务好客户"[一]，但华为发现，由于产品供不应求，原厂经常发不出货，加上若是产品出了问题，又很难及时修理（原厂不向代理商提供备板、备件），这让华为在为客户服务时非常被动。任正非意识到，没有自己的产品，没有自主研发，为客户提供优质服务就是一句空话。

1989 年，认识到代理不能长久的任正非，决心走向自主研发。没有技术、没有人才，华为自主研发的起点很低，第一款产品——BH01只是一个 24 口的非常低端的小型用户交换机，只能用在小型医院、矿山等场景，即便这样简陋的产品，其中也没有华为自己的技术，华为所做的仅仅是从国营企业购买散件组装而已。[二]组装最大的好处是，华为可以控制设备的备件，在提升对客户服务质量和响应速度方面有很大优势。由于华为服务好、销售价格低，华为这款简陋的产品供不应求，但因为上游的散件厂家仍然控制着关键货源，在市场需求旺盛时，华为经常无货可发，时常面对客户上门要货、退款、理赔的尴尬局面。

1990 年，华为再次被"逼上梁山"，决定突破自主研发，实现自己控制生产、控制产品核心部件。经过一年的努力，华为对第一款产品 BH01 进行了深度开发，自主进行了电路设计和软件开发，并将之命名为 BH03。从客户角度看，BH03 和 BH01 相比，在功能上差不多，

㊀ 张利华.华为研发［M］.北京：机械工业出版社，2017：8.
㊁ 张利华.华为研发［M］.北京：机械工业出版社，2017：12-14.

但对华为来说则大为不同，因为里面的每一块电路板和话务台软件都是自己开发的。

在之后的一年里，华为在单位用交换机的产品研发上进一步突破，先后开发出可以带 48 个用户的 HJD48 小型交换机，和能带 500 个用户的中型交换机 HJD-04，并在此基础上拓展出 100 门、200 门、400 门和 500 门的系列化产品，填补了当时的市场空白。这组产品的成功开发不仅帮助华为在 1992 年实现了 1 亿元的销售收入，更难得的是，作为华为首个追赶进口技术水平的产品，HJD48 持续销售了近 20 年。[一]

HJD48 的成功，给华为带来了可观的业绩，也给任正非和华为带来了极大信心。但任正非并没有把目光停留在销售额的短期增长上，而是瞄准了更大的市场。HJD48 之前所有的产品，都是用户交换机，主要面对的是各种事业单位、企业等机构，是电信网络的终端用户，这类客户分散、需要的设备较为小型、单次采购量小。而在局（运营商）用交换机市场上，一个地区的电信运营商产生的销售量，几乎相当于几十家不同行业或地区的企事业单位总销售量。局用交换机市场远远大于企事业单位用交换机市场。

1992 年，华为决定进入局（运营商）用交换机市场。年初，华为开始研发并推出基于模拟空分技术的局用交换机 JK1000；下半年，华为启动了 C&C08 2000 门数字程控交换机。1993 年，采用模拟技术的局用交换机 JK1000 开发成功却遭遇滑铁卢，之后 C&C08 2000 门数字程控交换机研发成功，并在浙江义乌首次开局。[二]这标志着华为的主营

　　○一　张利华.华为研发［M］.北京：机械工业出版社，2017：17-18.
　　○二　程东升，刘丽丽.华为三十年［M］.贵阳：贵州人民出版社，2016：59-63.

业务"通信设备制造"初步形成。

（2）创业期华为最费神的事：找人。

创业期的华为最大的难题是找人。民营公司在当年社会地位很低，被称为个体户，对高素质人才的吸引力几乎为零。任正非被迫成为公司的人力资源总监，天天琢磨怎么"拿下"优秀人才。华为几乎利用一切可能的机会"抢夺人才"，比如邮电系统开个普普通通的培训会，有各地来的学习交换机方面的人才，华为就会派人一一去敲门挖人；从邮电研究所出来的华为员工，春节回家过年，也顺便担负起"挖人"的任务，老同学、老同事都是他们挖掘的对象；华为还安排人到目标研究所对面的宾馆"蹲坑"，定向寻找人才；任正非参加展览会，也经常"带回"几个在会场"抢来"的人才……

后来成为轮值CEO的郭平入职华为的过程最能体现华为当年的找人方式。一次偶然的机会，在华中科技大学读研的郭平随导师到华为参观，被任正非看上，当晚任正非拉住郭平进行了一番激情洋溢的谈话。郭平被"任正非身上特有的抱负、待人的热情和诚恳所打动""相信未来的通信行业领袖非华为莫属，当即决定留了下来"。郭平还把自己的同学郑宝用引入华为，郑宝用后来成为华为早期最重要的两款产品HJD48和C&C08交换机的主要研发负责人。[⊖]

华为早期的选人、用人不仅起点高，而且非常成功。这一时期建立起的活力四射的年轻团队，表现出了惊人的创造力，开发出的HJD48系列产品持续销售20年，另一款产品C&C08机销售多年，创造的总销

⊖ 张利华.华为研发［M］.北京：机械工业出版社，2017：16-17.

售额高达千亿元。而另一个证明华为早期选人用人成功的事实是：2015年、2018年的两届董事会中，孙亚芳、郭平、徐直军、胡厚崑、徐文伟、李杰、丁耘、孟晚舟、余承东、李今歌都是这一时期加盟华为的。[⊖]

（3）创业期华为的机制：高薪＋员工持股＋高授权＋模糊评价。

华为在创业之初为员工提供了远高于业界平均水平的薪酬，这对吸引人才是非常重要的。1993年入职华为、后来成为华为执行副总裁的刘平回忆说，"那时华为新招人员的工资标准是本科1000元，硕士1500元，博士2000元，特招人员除外。我在学校的工资是400多元。在华为2月份的工资是1500元，但我2月份只上了一天班，结果还拿到了半个月的工资。第二个月，我的工资就涨到了2600元。那时候，令我激动的是，每个月工资都会上涨，到年底时，工资已经涨到6000元。"[⊜]

华为在现金流最紧张的时期，不得已采用了"打白条"的方式——员工每月通常领不到全额工资，而是"一半现金和一半白条"。但华为没有像同时期的大多数企业一样，白白占压员工的工资，而是折算成资本金参与公司的利润分成，体现了朴素的股权激励思想。[⊜]

1990年，"打白条"演变为"内部融资，员工持股"制度，鼓励员工"按照级别每年购买一定数量的公司股份，按照股份数量享有公司的利润分红"®，如果员工没有现金，就从后面的工资里扣除。如此

⊖ 华为官网：管理层简历。
⊜ 刘平．前华为副总裁刘平亲述：你所不知道的华为往事 [EB/OL]．华夏基石 e 洞察，2016-01-27.
⊜ 余承东．华为曾有一段时间发不起工资 老板打白条［EB/OL］．和讯网，2014-12-23.
® 吴晓波，等．华为管理变革［M］．北京：中信出版社，2017：14-16.

一来，既解决了工资"打白条"的问题、缓解了融资压力，也在一定程度上激励了员工，还起到对关键人才的"锁定"作用，可谓一举多得。

创业期的华为在组织上采用高授权模式。任正非在 2011 年发表的《一江春水向东流》一文中这样回忆当年的高授权："在华为成立之初，我是听任各地'游击队长'们自由发挥的。其实，我也领导不了他们。前十年几乎没有开过办公会类似的会议，总是飞到各地去，听取他们的汇报，他们说怎么办就怎么办，理解他们，支持他们……也许是我无能、傻，才如此放权，使各路诸侯的聪明才智大发挥，成就了华为。我那时被称作甩手掌柜，不是我甩手，而是我真不知道如何管。"⊖

早期的华为采取"模糊评价"的方式，公司的调薪频度很高，"几乎每个月都会涨工资"，但一个月时间怎么可能有特别突出的成果呢？华为当时的做法全凭从人才的潜力和大致贡献出发，关注激励远大于关注考核的严谨，正是在这种信任和激励的氛围下，很多人做出了超水平发挥的成果。

（4）激情四射的创业文化：客户文化＋高绩效文化＋集体主义校园文化。

代理出身的华为，对客户关系异常重视。公司里到处流传着任正非诸如"把笑脸朝向客户，把屁股对着领导""大家对客户再好一点，我们的订单就会多一点""客户是我们的衣食父母"之类的话。事实上，华为也把资源优先配置给客户。一个被华为人长期传颂的例子是：

⊖ 任正非讲话：《一江春水向东流》，2011 年 12 月 25 日。

1988 年，一位客户到华为公司考察和订货，到深圳才发现华为只有几个人（事实上，1988 年年底，华为才有 14 个人，到 1991 年，华为也只增加到 20 人），颇为失望，考察结束后刚好下班，任正非安排公司唯一的一辆小轿车，送客户和公司陪同人员去酒店就餐，自己则走路回家。客户和员工坐车，总经理走路，这给客户留下了很深的印象，于是很快签订了订货合同。⊖

任正非从华为早期就开始主导营造单纯正向的企业文化氛围，诸如"业绩优先、人才优先"等。用创业功臣郑宝用的话说："在华为，不需要拉关系、拍马屁，只要好好干，就会有好回报。"郑宝用的经历也充分证明了这一点，一个没有毕业的博士生，没有任何关系，仅仅靠自己的业绩，不到两年时间就成为华为的技术负责人，"只要是不生产、不发货的产品，凡是没做出来的，都归郑宝用负责。"

单纯的绩效文化得到了年轻员工的认同，这些刚刚走出校园的年轻人，本就不谙世事、不会处理复杂的人际关系。他们精力充沛，加班的热情非常高。华为为每个人配备了床垫，加班晚了，就睡在公司，工作累了，也可以席地而卧。

华为还把公司打造得像个校园，公司食堂早、中、晚餐都很丰盛，周末也是如此，还设有洗澡、看电视和娱乐休闲的地方。刚刚离开校园集体生活的年轻人，很容易适应这种"集体主义文化"的氛围，大家除了睡觉，大部分时间都待在公司里。⊜

⊖ 张利华 . 华为研发［M］. 北京：机械工业出版社，2017：9-11.
⊜ 张利华 . 华为研发［M］. 北京：机械工业出版社，2017：15-23.

（5）任正非独特的领导力：鼓动大家＋以诚待人＋敢想敢享的大格局。

任正非是一位优秀的鼓动家，"听他讲话的人每次都能热血沸腾，那是支撑创业员工在华为干下去的精神力量。"任正非精力充沛，最大的乐趣是拉着员工聊天，军人出身的他喜欢讲战争的故事、讲英雄的故事，这些故事很容易鼓舞、激发年轻人的斗志，让年轻人相信"十年后，华为要和 AT&T、阿尔卡特三足鼎立，做到三分天下有其一"[一]。

任正非另一个品质是待人真诚。在那个普通人坐飞机都很少见的年代，华为就为远道而来参加面试的人才提供往返机票费用；"打白条""拖欠工资"是 20 世纪八九十年代的普遍现象，但能为白条支付利息，华为恐怕是当时独一无二的企业。

此外，任正非在创业期即表现出超于常人的"大格局"。做代理的华为已经赚到了第一桶金，在很多企业见好就收时，任正非毅然决然进入研发领域，几乎花光了代理时期积累的资金；当单位用交换机开发成功，企业刚刚过上好日子时，任正非再次挑战自己，进入局用交换机领域，把企业至于"死而后生"之地。每次近乎穷途末路，化险为夷之后，都是更大的天空，这充分展现了一位企业家的不凡追求和敢于牺牲的精神。

任正非的大格局，还表现在其"敢于分享"的胸怀——创建公司不久就设计了员工持股制度，通过利益分享团结起员工。那时他并不

　　[一] 孙立科. 华为传［M］. 北京：中国友谊出版社，2018：40-41.

懂期权制度，更不知道西方多种多样的员工激励方式，仅凭过去的人生挫折，感悟出要与员工分担责任，分享利益，就这样，推出了"员工持股制度"。

（6）华为创业期经营管理要点总结。

第一，企业创业期的首要任务是确定市场定位，并建立起商业模式。但市场定位的确立和商业模式的确定不是一帆风顺的。在市场定位上，华为经历了从用户级通信设备到局（运营商）用通信设备的转变（当然，转变之后华为并没有退出用户级通信设备市场，而是保留在主营业务体系之内）；在商业模式上，华为也从单纯的代理商逐步转向研发制造商。

第二，创业期的重要任务是打造核心团队。华为在这方面无疑是成功的，任正非一开始就对人提出了较高的要求，并投入了极大的精力在人上，找人、带人，以至于华为的团队在创业时期就表现出较高的水准，而且能随企业走得更远。

第三，正如《从0到1》中所说的：基础没有打好的初创企业是无法挽救的[○]，创业企业的基本制度和创始团队的素质在后期很难调整。而华为较高的起点，取决于领导人的清醒，无论在分配制度、文化营造还是团队搭建上，都体现出了远见和格局。

第四，创始人的领导力是创业企业最关键的资源。团队的信心、业务构建的高度、文化氛围的营造、创业热情的激发无不建立在创始人的领导力之上，任正非个人非凡的领导力在华为创业过程中显然起

○ 彼得·迪尔，布莱克·马斯特斯.从0到1［M］.北京：中信出版社，2015：147-148.

到了至关重要的作用。

第五，"风口"是创业成功的重要因素。"做事在人，成事在天"，创业还是要看大势。

机会成长阶段（1993 ～ 1997 年）：乱中迎战大风口

1993 年 9 月，C&C08 2000 门数字程控交换机研发成功，并在浙江义乌首次开局，这标志着华为正式切入局（运营商）用通信设备市场，确立了支撑华为长期发展的主航道。在以后的近 20 年里，华为在这一主航道上"心无旁骛"，一路狂奔。

在 1993 年到 1997 年的近五年中，面对急剧爆发的市场，华为来不及建立与之匹配的管理系统，而是从解决快速增长中出现的问题入手，倒逼组织职能的发育和管理系统的建立。这期间，华为相继推行导入 ISO9000 质量管理体系、与多家电信局成立合资公司、市场部集体大辞职、起草《华为基本法》、导入人力资源管理 4P 系统等变革活动。

（1）意料之外的机遇：在措手不及中顺应大机会。

1990 年，中国的固定电话普及率只有 1.1%，世界排名第 113 位。1992 年，华为预测，按照中国电信产业的总体目标，到 2000 年固定电话的普及率在 5% ～ 6%。[⊖]基于此，华为判断先进的数字程控交换机在中国暂时还不会普及，所以华为在决定进入局用交换机市场时，

⊖ 张利华 . 华为研发 ［M］. 北京：机械工业出版社，2017：27-28.

首先选择的是基于模拟技术的 JK1000 系列。

事实上，中国通信市场的增长速度远远超过了华为的预料。到 2000 年，中国市场的固定电话普及率不是华为预测的 5%，而是 50%。而移动手机的普及速度则更为惊人，到 2015 年，中国手机市场已经有超过 13 亿用户。在全球范围内，通信设备市场规模从 1993 年的 1190 亿美元增长到 2011 年的 3540 亿美元。[⊖]

机会成长期的华为几乎是在忙乱中迎接这些机会。以研发为例，华为在基于模拟空分技术的局用交换机 JK1000 立项不久，就发现了技术落后的风险，于是很快启动了基于数字技术的 C&C08 2000 门程控交换机的研发立项，而刚刚推出，就发现容量不够，很快又开始万门交换机的研发。尽管忙乱，却也为华为带来了惊人的增长速度。

（2）与各地电信局成立合资公司：打破市场壁垒，解决资金困难。

进入局（运营商）用通信设备市场之后，华为面临"外有强敌、内有追兵"的局面。"强敌"是指当时的中国通信设备市场挤满了世界级的企业，包括朗讯、爱立信、西门子、阿尔卡特、富士通、NEC 等；"追兵"则是指与华为同时期起步，有着国资背景的巨龙、大唐、中兴等企业。跟这些企业相比，华为无论在技术上还是背景上都相距甚远。强敌追兵的围追堵截，给华为进入市场制造了很高的壁垒。

此外，通信设备的研发，需要大量的前期资金投入。在当时的背景下，民营企业的融资渠道非常有限，根本没有金融机构愿意为既没

⊖ 吴晓波，等.华为管理变革［M］.北京：中信出版社，2017：8.

有多少固定资产、又没有什么名气的华为提供资金支持。

为了解决两大难题，华为在1993年与17家省市级电信局合资成立了以生产通信电源为主的莫贝克通讯实业公司[⊖]，华为负责技术和运营，电信局合资方负责提供资金。在之后的数年中，华为又成立专门的合资合作部，在全国范围内大规模地与电信局建立合资公司，复制莫贝克模式。在任正非的设想里，成立合资公司既是市场攻伐的手段，又是融资手段，可谓一举两得。[⊜]

从1994年开始，华为相继在四川、浙江、山东、河北、安徽、新疆等地成立华为与当地邮电局下属企业或工会的合资公司。几年内，华为与铁路、各地邮电部门的下属企业或者工会成立了大约27家公司[⊜]，通过建立利益共同体，达到了巩固市场、拓展市场和占领市场的目的。同时，这些合资公司成立初期提供的资金高达数亿元，给华为这一时期的高研发投入提供了有力的资金支持。

（3）导入ISO9000质量体系：追标日本公司，突破市场品质门槛。

局（运营商）用通信设备市场，与企业用通信设备市场有很大的差异。企业用市场相对分散，质量出现问题影响面较小，对可靠性要求不太高。但局用通信设备连接着千家万户，要求随时随地不间断保持畅通，对产品的可靠性和品质的要求远高于企业用设备。

　⊖　李玉琢.我与商业领袖的合作与冲突［M］.北京：当代中国出版社，2006：133-141.
　⊜　同上。
　⊜　张利华.华为研发［M］.北京：机械工业出版社，2017：95.

为此，"品质管理"成为需要主攻的突破点。1994年，华为专门组织研发部和生产部的代表到日本参观学习，对松下电器、DDK、高见泽等公司进行考察，并邀请日本知名质量管理专家到华为讲学，之后全面推行日本式的品质管理，并导入在世界范围内刚刚流行起来的 ISO9000 质量体系⊖，力图从体系建设上确保质量。

（4）市场部集体大辞职：打破人的结构，为营销模式变革铺路。

1996年1月，华为发起了"市场部集体大辞职"：要求市场部所有的正职干部（从市场部总裁到各个区域办事处主任）共计27人集体辞职，每人提交两份报告——述职报告和辞职报告，公司采用竞聘的方式，根据表现、发展潜力和企业发展需要，只批准其中一份报告。这次竞聘考核中，最终有6名区域办事处主任被置换下来。这是华为第一次大规模的人事制度改革。⊖

这次市场部大辞职有内在的背景。1995年之前，华为的主要产品是小型的交换机，每台大约几百元，采购决定权主要集中在县级电信局处长、科长或者企业的采购主管手中，决策层次较低，与一个部门领导搞好关系就能完成销售。1995年之后，几千线、上万门的机型逐步成为华为的主销产品，一单合同通常几百万、上千万，县级主管部门已经无权决定了，必须上报到地市、省里的主管部门，客户的采购方式由原来的个别领导说了算，转向集体决策、招标采购决定。早期华为办事处人手少，基本上靠办事处主任"单打独斗"，现在人员

⊖ 张利华.华为研发 [M].北京：机械工业出版社，2017：34.
⊖ 程东升，刘丽丽.华为三十年 [M].贵阳：贵州人民出版社，2016：206.

扩张，需要办事处主任组织手下人员"集体作战"，销售方式也从原来的上门推销转向更高层次的营销，这对办事处主任的能力结构提出了新要求，原来的办事处主任大多数不能适应这一形势变化。"市场部集体大辞职"基于这种现状，为办事处主任敲响警钟，传递变革的压力。

（5）起草《华为基本法》：避免"头痛医头、脚痛医脚"，规划系统变革。

1995年，是成立仅七年的华为发生战略转折的一年。伴随着C&C08万门局用数字交换机在技术和市场上的重大突破，公司表现出大发展的势头。但另一方面，华为在内部管理上也出现了一系列"相互纠缠、理不清"的问题。

为适应大发展的要求，华为在1995年成立了工资改革小组，开始重新设计公司的工资分配方案。设计小组遇到了难题：创业时期，都是任正非定工资，现在公司大了，任正非连人都认不过来，必须交给管理人员确定工资。不同的管理人员在给下属定工资时，尺度怎么掌握？工资确定的依据是绩效、职位、能力，还是资历？[一]

1995年推行的ISO9000质量管理体系，重整了公司的业务流程体系，对各个部门和岗位的职责进行了重新界定，但之后带来的流程僵化也成了大问题。

发生在1996年的市场部大辞职，虽然很成功，可也提出了一些公

[一] 黄卫伟，等.走出混沌［M］.北京：人民邮电出版社，1998：52-54.

司发展中的根本性问题——干部不适应企业发展要求了怎么办？有功员工落后了怎么办？怎么能让优秀员工脱颖而出？怎么使干部能上能下制度化？

而更为严重的是，任正非和管理团队之间出现了脱节。在1995年"华为兴亡，我的责任"企业文化大讨论中，任正非和其他管理人员的意见有很多不同，比如任正非批判"用人不疑，疑人不用""有福同享，有难同当"是封建意识，等等。

前述表现出来的一系列的问题，相互交错，要想系统解决，需要一个纲领性的文件，理清公司组织建设、管理制度化建设和文化建设的思路。1996年3月，华为正式成立基本法起草小组○。概括起来，《华为基本法》试图达到三个目的：一是将企业家的意志、思想和创新精神转化为成文的公司政策，明确、系统地传递给职业管理层，由职业管理层规范化地运作；二是系统阐述公司处理基本矛盾和内外重大关系的准则和优先次序，建立起内外部心理契约；三是指导公司的组织建设、业务流程建设和管理的制度化建设，使管理系统化并达到国际标准。

《华为基本法》的起草和讨论历时两年，九易其稿，最终于1998年3月23日定稿发布，成为后续10年华为一系列变革的指导大纲。

（6）导入人力资源管理4P模式：推动职业化管理。

○ 华为基本法起草小组由彭剑锋担任组长，黄卫伟和包政担任主笔，吴春波、杨杜、孙健敏为小组核心成员。参见黄卫伟.走出混沌［M］.北京：人民邮电出版社，1998.

1993～1997年，华为的销售收入从1亿元增长到41亿元，员工人数从270人增长到6000人。[一]此时的华为不仅要解决快速扩张中的人才短板，还面临着给越来越多的人发工资、考核越来越多的人的问题。[二]同时，管理人员开始作为独立的职务出现，他们承担了老板之前从事的工作，正确评价他们的工作也变得很重要。高层管理者已经无法通过自我的主观认识去考核每一个员工，员工的奖励和分配系统遇到了极大的挑战。

另外，华为的产品也开始变得越来越丰富、越来越多元，特别是独立研发的C&C08运营商级交换机的推出，帮助华为进入快速发展期。早期公司围绕"英雄"运作，每个"英雄"都有自己的方法去招聘和激励员工，缺乏正式的规范和制度加以约束，这种各自为政的做法带来了"山头主义"，使华为各部门无法达到最优绩效。

在用"市场部集体大辞职"的方式去除山头主义，打破人力资源固有结构之后，华为重新审视了企业的人力资源实践，开始关注于创造更加灵活的人力资源政策，系统性地以员工的个人能力为标准聘用和提拔干部，彻底摒弃当时绝大多数中国企业采用的以资历来作为衡量标准。不仅如此，绩效不好的员工还会受到降级处理，以激活组织并向员工灌输持续奋斗的观念。

华为还面临利益分配的问题。由于缺少清晰的考核标准，公平评估员工的工作变得非常困难。一个真实的例子是，1996年，分别负责上海和新疆的两位办事处主任销售同样的产品，但两人的业绩却天

㊀ 吴春波.华为没有秘密［M］.北京：中信出版社，2014：317-320.
㊁ 吴晓波，等.华为管理变革［M］.北京：中信出版社，2017：169-172.

差地别。由于新疆的市场竞争压力远远低于上海市场，而且华为早期"农村包围城市"的策略为新疆区域打下了良好的市场基础，新疆办事处主任在短期内就能创造出业绩。根据当时的薪酬体系，两个办事处主任年薪酬收入可能相差 20 万元。[⊖]这种反差造成的结果是，上海市场是公司最想突破的市场，但承担战略责任的办事处主任却拿不到钱。这反映出当时华为的薪酬体系、人力资源管理系统与公司战略之间存在着深层矛盾。

1997 年，在咨询公司的帮助下，华为导入 4P 人力资源管理系统（position evaluation system，职位评价系统；pay administration system，薪酬管理系统；professional training system，职业训练体系；performance appraisal system，绩效评价系统），建立起以职务工资为核心的薪酬体系。这一体系在华为之后的人才挑选、评估和提拔的发展过程中扮演了重要角色。

（7）华为在机会成长期经营管理要点总结。

第一，机会成长本质是企业内部的积累与机会风口的双重结果。如果没有创业期在研发方面的准备、代理时期形成的销售网络及核心队伍的打造，即便外部风口再大，华为也很难捕捉得到。如果没有外部的风口，华为在这一时期的增长也不会这么快，没有增长速度的牵引，华为在机制、管理、文化方面的努力也很难在短时间内形成正循环。

第二，机会成长期仍然需要商业模式方面的升级。尽管创业期已

⊖ 吴晓波，等 . 华为管理变革［M］. 北京：中信出版社，2017：169-171.

经形成了初步的商业模式，但在机会成长期仍然需要验证改进的过程。比如华为在营销端的变革，从单打独斗型销售模式向整体营销模式转变。

第三，机会成长期组织职能的建立应从制约业绩的关键环节入手，逐步打通整个系统。华为这一时期重点突破的三个关键职能是质量控制、营销模式升级和以职务工资体系为核心的人力资源管理职能。

第四，建立组织职能需要规模的支撑，企业必须在机会成长期迅速拉升企业规模。

第五，机会成长期企业最大的风险就是资金风险，由于快速扩张和长期投入，企业本时期自身的造血能力很难满足增长的要求，必须在战略层面做出安排。华为的成功就在于用对外合资和内部股权的方式缓解了这一难题。

系统成长期（1998～2010年）:
追赶，走在成为世界第一的路上

1998～2010年，华为在既有的通信设备业务领域，通过缩小与行业巨头的差距、提高市场占有率、扩张品类、国际化等方式实现扩张。在组织和内部管理层面，推出了股权激励制度升级、以流程化为中心的企业变革、以职业化为核心人力资源的变革、两次财经体系变革、以国际化为核心的文化与人力资源变革、防止大企业病的组织变革。同时，在本阶段，华为出现了两次大的危机：一是发生在2001～2002年的华为的冬天；二是发生在2008～2009年由新劳动法出台引发的文化衰退风险。这两次危机分别触发了高层治理结构的变革和奋斗者文化大讨论。

（1）一体化增长：提高市场占有率 + 品类扩张 + 国际化。

1998 ~ 2010 年，华为用 13 年的时间在前期确定的"通信设备制造"的主航道上持续扩张，销售规模从 1997 年的 41 亿元[一]，扩大到 2010 年的 1852 亿元，提高了 45 倍。而在 2010 年，华为首次进入《财富》世界 500 强，列第 397 位。

这期间华为通过"标杆超越"的方式，在技术、管理、文化融入等多个层面向西方优秀企业全方位学习，实现了从追赶到并跑的跨越，华为从一个名不见经传的小企业成长为行业领先企业。2010 年，处于电信设备制造商首位的爱立信年销售额为 308 亿美元[二]，居于第二位的华为达到 280 亿美元，已经非常接近。

华为的另一个增长方式是品类扩张，完成了从单品制造商向综合解决方案提供商的过渡。早期的华为，着眼于单个产品的突破，从 HJD-04 用户交换机、通信模块电源到 C&C08 万门数字程控交换机，无不是从单个产品着眼，围绕单个产品从事研发、制造、销售和服务。2000 年华为开始将战略重点转向 3G 时，就已经着眼于 CDMA 的全系统解决方案，甚至开始研发 CDMA 手机。到了 2008 年，华为的"产品与解决方案已服务全球运营商 50 强中的 36 家"。[三]

[一] 吴春波.华为没有秘密 [M].北京：中信出版社，2014：317-320.
[二] 数据来源：爱立信年报。
[三] 数据来源：华为投资控股有限公司 2008 年年度报告。

这一时期，为华为增长做出最大贡献的是"国际化"。早在1997年时，任正非就已经开始谋划进军境外市场。当时的大背景是，国家采取经济优先的原则与其他国家开展外交关系，华为意识到这是非常好的机会，提出了"跟着国家的外交路线拓展国际市场"的基本策略，先从俄罗斯、非洲和拉丁美洲、中东等国际通信设备的边缘市场突破，再大力向欧洲等核心市场进军。在国际化进程中，华为不仅营销机构进驻境外，为了加强对境外市场的理解，1999～2005年，还先后在印度、美国硅谷、瑞典设立研究机构。[⊖]

华为的国际化道路是成功的。1999年时，华为的海外收入仅5300万美元，占总销售收入的不到4%；到2005年，华为海外销售额已经达到48亿美元，占公司总销售额的58%，首次超过国内；2010年，华为的总收入为1850亿元，其中海外收入1204亿元，占总收入的65%。

（2）组织流程化改造：集成产品开发（IPD）+ 集成供应链（ISC）+ 客户关系管理（CRM）。

在早年的快速增长中，为了解决产品的质量问题，华为自1994年开始就对公司的产品开发、生产制造等主要价值过程做了流程梳理。但由于没有经验，自己摸索的流程架构仍然不能满足公司规模发展的要求。

1997年年末，任正非带队到美国参观了休斯公司、IBM、贝尔实

⊖　孙立科.华为传［M］.北京：中国友谊出版社，2018：111-144.

验室和惠普公司，其中在IBM的参观深深触动了任正非，回到国内不久就发表了《我们向美国人民学习什么》，其中写道："企业缩小规模就会失去竞争力，扩大规模，不能有效管理，又面临死亡，管理是内部因素，是可以努力的。规模小，面对的都是外部因素，是客观规律，是难以以人的意志为转移的，它必然抗不住风暴。因此，我们只有加强管理与服务，在这条不归路上，才有生存的基础。这就是华为要走规模化、搞活内部动力机制、加强管理与服务的战略出发点。""我们在IBM整整听了一天管理介绍，对它的管理模型十分欣赏，对项目从预研到寿命终结的投资评审、综合管理、结构性项目开发、决策模型、筛选管道、异步开发、部门交叉、职能分组、经理角色、资源流程管理、评分模型（十分欣赏）……后来我发现朗讯也是这么管理的，都源自美国哈佛大学等著名大学的一些管理著述。""我们只有认真向这些大公司学习，才会使自己少走弯路，少交学费。IBM是付出数十亿美元直接代价总结出来的，他们经历的痛苦是人类的宝贵财富。"[⊖]

1998年，任正非发起、推动了在华为研发系统"向IBM学习"的活动，之后又在IBM帮助下开展了"集成产品开发"项目。华为为导入IPD，打破从1988年到1998年运作了10年的旧有做法，付出了艰苦的努力，从调研诊断、培训动员、流程设计，到试点运行，再到全面推行。1998年，华为员工8000人，研发人员4000人，在任正非"削足适履""先僵化、后优化、再固化"的口号中，历时两年零三个月，完成了这次空前的流程化变革，打通了产品开发端到端的流程，学会了大规模研发。据华为统计，IPD流程给华为带来的好处是：

⊖ 任正非讲话：《我们向美国人民学习什么》，1998年。

产品投入市场时间缩短 40% ～ 60%，产品开发浪费减少 50% ～ 80%，产品开发生产力提高 25% ～ 30%，新产品收益占全部收益的百分比增加 100%。⊖

继 IPD 之后，华为还与 IBM 进行了集成产品供应链（ISC），以及 MM 市场管理和集成财务管理等多个管理项目，在人力资源管理、财务管理和质量控制等方面引进最佳实践，进行了深刻的变革，在大大提高公司流程化素养之后，以此为基础建立起 IT 化的管理体系（如图 6-4 所示）。⊜

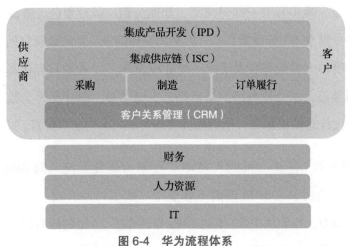

图 6-4　华为流程体系

（3）冬天的反思：完善高层治理结构，开创高管轮值制度。

2001 年、2002 年，是华为历史增长最低的两年。2000 年，华为实现销售额 213 亿元，比上年增长 85%；2001 年销售收入为 225 亿元，

　　⊖　吴晓波，等 . 华为管理变革［M］. 北京：中信出版社，2017：88-96.
　　⊜　吴晓波，等 . 华为管理变革［M］. 北京：中信出版社，2017：97-130.

仅比上年增长不到 6%，创历史最低；而 2002 年更是成为华为历史上唯一一个负增长的年份，仅实现销售额 221 亿元。[○]这种从高速增长到业绩下滑"过山车式"的转弯给华为带来了极大的冲击，公司刚刚在 2001 年完成"万人大招聘"[○]，2002 年就要大裁员，与此同时，华为的"股权激励"也遇到极大挑战，员工忽然意识到"高回报的背后存在倾家荡产的风险"，很多员工以离职的方式要求退回在公司的投资。任正非十年后在《一江春水向东流》中回忆说："2002 年，公司差点崩溃了。公司内外矛盾交集，我却无能为力控制这个公司，有半年时间都是噩梦，梦醒时常常哭。"[○]幸运的是，爱默生电气公司以 65 亿元人民币的价格买下了华为下属公司华为电气，缓解了华为的现金流，帮助华为渡过了生死难关——这就是华为的冬天。

任正非和华为的管理层在冬天结束后的 2003 年做了深刻的反思。表面上看，华为遭遇冬天是被 2000 年开始的世界网络泡沫破灭所波及。但还有更深层次的原因：一是低估了"冬天"的寒冷，尽管 2000 年网络泡沫在美国已经发生，但任正非仍然保持乐观，发表《华为的冬天》讲话的同时，还是把 2001 年的销售目标确定为 380 亿元，增长速度为 68%，这一指导思想让华为各部门做出了扩张性质的预算，而当实际销售仅实现 225 亿元时，巨大的费用对公司经营构成了极大的压力[○]；二是逆势扩张，在国内电信投资连续两年下滑的背景下，华为一方面强制性地抽调优秀员工到海外去，迅速抢占发展中国家市场，

　　○ 吴春波.华为没有秘密［M］.北京：中信出版社，2014：317-320.
　　○ 程东升，刘丽丽.华为三十年［M］.贵阳：贵州人民出版社，2016：138-142.
　　○ 任正非讲话：《一江春水向东流》，2011 年 12 月 25 日。
　　○ 程东升，刘丽丽.华为三十年［M］.贵阳：贵州人民出版社，2016：230-238.

另一方面大规模招聘人才（号称"万人大招聘"），在研发上向高端路由器和无线通信领域发起冲击，以期用性能价格比的优势在国外市场打击寒流中的竞争对手，弥补国内市场的萎缩，维持企业的高速发展，这种逆势高投入对公司的现金流是一种极大的考验；三是对"小灵通"机会的误判，由于当时迟迟不给两大固话运营商中国电信和中国网通发放无线经营牌照，以至于两家运营商为抢占移动用户，只能依附于现有的传输和固话网络资源发展无线接入"小灵通"，华为无视这种需求，而是寄希望国家会发给两家运营商正式的无线牌照，从而放弃小灵通相关技术的研发投入，将资源集中到 3G 的投入上，同期的竞争对手 UT 斯达康和中兴则充分利用小灵通的机会赚了个盆满钵满。

任正非进一步反思"如何在组织上避免这种决策失误再次发生"。2003 年，华为再次请顾问公司帮助设计公司组织结构，顾问公司发现当时的华为"竟然只有高层，却没有中枢机构，不可思议""而且高层只是空任命，不运作，提出来要建立高层经营管理团队 EMT（executive management team）"。具体如图 6-5 所示，任正非不愿做 EMT 的主席，就开始了轮值主席制度，由 EMT 的八位成员轮流执政，每人半年，经过两个循环，演变成后来的轮值 CEO 制度。这种无意中的轮值制度，平衡了公司各方面的矛盾，使公司得以均衡成长。每个轮值者，在一段时间里，担负了公司 COO 的职责，不仅要处理日常事务，而且要为高层会议准备起草文件，大大地锻炼了他们。同时，轮值者不得不削小"本位主义"，否则就达不到别人对他决议的支持，这样他就将他管辖的部门，带入了全局利益的平衡，从而削弱了公司出现的"山头"。

㊀ 华为技术有限公司 2006 年年度报告。

㊁ 任正非讲话：《一江春水向东流》，2011 年 12 月 25 日。

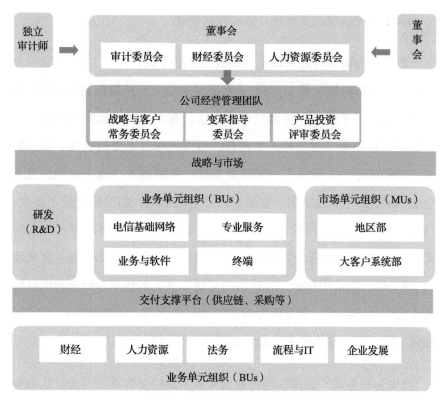

图 6-5　华为 2003 年组织变革

经历了八年轮值后，这一制度到 2012 年发展为"在董事会领导下的轮值 CEO 制度"，轮值 CEO 在轮值期间是公司的最高行政首长，更多着眼于公司的战略，着眼于制度建设，将日常经营决策的权力进一步下放给各 BG、区域，以推动扩张的合理进行。每位轮值 CEO 在轮值期间奋力拉车，牵引公司前进，一位轮值 CEO 走偏了，下一轮的轮值 CEO 会及时去纠正航向，使大船能早一些拨正船头，避免问题累积过重不得解决，从而解决了"将公司的成功系于一人，败也是这一人"的制度问题。

（4）股权激励制度升级：虚拟股权制度。

尽管华为创立时就采用了"多股东"的方式，并在1990年第一次实行了"内部融资，员工持股"，但那时的华为不懂期权制度，更不知道西方在"员工激励"方面已经很发达，有多种形式的激励机制。仅凭创始人任正非"过去的人生挫折，感悟到与员工分担责任、分享利益"的朴素想法，设计了一套持股制度，很多地方"既不合理，也不合法"。比如，华为早期一直是采用"每股1元"的价格让员工参股，1993年，华为公司每股净资产为5.83元，1994年每股净资产为4.59元，1995年每股净资产为3.91元，然而每股1元的认购价格一直延续到2001年。在采用每股1元认购的同时，员工离开华为时公司也以每股1元的价格回购，但是因为股票的分红非常高，长期维持在25%到50%之间，员工很少要求退股，也很少与公司发生争议。[一]

"华为的冬天"使得华为持股制度中的缺陷变得突出。大批从华为离职的员工不接受每股1元的回购价格。2001年2月，华为与艾默生达成协议，将下属公司华为电气以65亿元的价格转让给艾默生，协议中约定华为电气的员工在四年内保持稳定。在清理员工股权时，华为最初提出以1:1的方式回购，遭到了华为电气员工的强烈反对，最终以1:4的比例分四年兑现。消息传出，在华为离职员工中掀起了轩然大波，也为华为带来了一个接一个的股权官司。

也是在2001年，华为启动股权改革，将原有的员工股权改造为"虚拟受限股"[二]，明确规定员工持股为虚拟受限股，只享有分红权和股

[一] 程东升，刘丽丽．华为三十年［M］．贵阳：贵州人民出版社，2016：179-192.

[二] 孙立科．华为传［M］．北京：中国友谊出版社，2018：54-57.

价升值权，没有所有权和表决权，不能转让和出售，离开企业自动失效，不再派发长期不变的每股一元的股票，老员工的股票也逐渐转化为期股，不再有稳定的分红，而是净资产增值，股权分配也从普惠转为重点激励。

2003 年，华为推出了"虚拟受限股"制度下的首次大规模配股。[⊖]这次配股与华为以前每年例行的配股方式有三个明显差别：一是配股额度很大，平均接近员工已有股票的总和；二是兑现方式不同，往年积累的配股即使不离开公司也可以选择每年按一定比例兑现，一般员工每年兑现的比例最大不超过个人总股本的 1/4，对于持股股份较多的核心员工，每年可以兑现的比例则不超过 1/10；三是股权向核心层倾斜，即骨干员工获得的配股额度大大超过普通员工。此次配股规定了一个 3 年的锁定期，3 年内不允许兑现，如果员工在 3 年之内离开公司，则所配的股票无效。华为同时也为员工购买虚拟股权制定了一些配套的措施：员工本人只需要拿出所需资金的 15%，其余部分由公司出面，以银行贷款的方式解决。

2008 年，在虚拟受限股制度框架下，增加"饱和配股"的内容，以级别和考核为主要依据，设定单个员工的当年虚拟股配股数。根据级别设定该级别员工的虚拟股总量上限，要调整上限，最直接的办法就是调整职级，要调整职级，首先就要成为奋斗者。饱和率配股制度的另一个作用，便是进一步"限制"那些从华为公司起步就加入公司的"老人们"的持股数量，通过上限限定，使得相当一部分"公司元老级"的人物，不再拥有购买虚拟股的资格。通过这一制度，来

⊖ 明叔亮，等.华为股票虚实［J］.财经，2012（6）.

限制公司内部不断扩大的"食利阶层"，激活那些"金字塔下的沉淀层"。

（5）员工队伍职业化改造的深化：从任职资格到干部素质管理。

任正非认为，华为要想从一个依靠"英雄"的小公司，演变为大公司，淡化英雄色彩，特别是淡化领导人、创业者的色彩，实现职业化管理是必由之路。[一]只有职业化、流程化，才能提高一个大公司的运作效率，降低管理内耗。这一时期，推进职业化进程是华为人力资源变革的核心主题。

华为自 1998 年开始正式引进英国国家职业资格制度（NVQ），其间经历了三个阶段：1996～1998 年，在关注行为规范化的基础上，在部分职类试行任职资格管理；1998～2001 年，建立开发任职资格标准，并对员工进行任职资格认证；2001 年开始，将认证结果与人力资源其他模块相结合。[二]

通过任职资格制度的导入，华为不仅打通了员工的职业发展通道（如图 6-6 所示），打通了基于任职资格的薪酬、评价、晋升与考核体系，还对各个职位、各个工作的序列进行了标准化、规范化、表格化和模板化的梳理。通过这种细致的工作，"一个新员工，看懂模板，会按模板来做，就已经国际化、职业化，现在的文化程度，三个月就掌握了，而这个模板是前人摸索几十年才摸索出来的，不必再去摸索。"

　㊀　任正非讲话：《一个职业管理者的责任和使命》，2000 年。
　㊁　吴春波. 华为没有秘密［M］. 北京：中信出版社，2014：172.

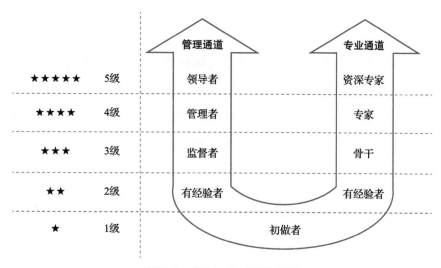

图 6-6　华为五级双通道模型

资料来源：吴春波.华为没有秘密［M］.北京：中信出版社，2014：173.

在任职资格制度的基础上，华为于2004年又引入了IBM的业务领导力模型⊖（business leadership model，BLM），专门解决管理人员的素质问题。用任正非的话说，"战争打到一塌糊涂的时候，高级将领的作用就是要在看不清的茫茫黑暗中，使自己发出微光，带着队伍前进。"在此模型框架下，华为总结出高、中、基层管理者的资格特征并将其纳入任职资格管理体系之中，从而将干部队伍的职业化管理提到了更高的层次。

同一时期，在资格制度的基础上，华为为解决人才培养问题，根据人才成长的规律，逐步建立起基于轮岗和师带徒的人才培养体系，完善了基于训战结合的培训体系，并于2005年正式注册成立了以"培养将军的摇篮"为使命的"华为大学"。

⊖　倪志刚，孙建恒，张昳.华为战略方法［M］.北京：新华出版社，2017：22-34.

（6）全方位国际化：始于业务，终于人力资源与文化。

2005 年是华为国际化进程的重要里程碑，这一年华为的海外业务收入正式超过国内业务收入。[一]在这之前，华为进入国际市场的方式是先从市场和产品开始，通过向海外市场派驻人员、设立营销办事处的方式进入，相当于派先头部队参展；之后在海外重点区域设立研究机构，以促进产品的国际化，通过引入职业化管理来适应国际化的行为方式，但整体的做法还是粗放的。

到了 2005 年，国际市场已经在华为起到至关重要的作用。随着国际化进程的不断深入，华为遇到了诸多的管理问题和日常运营问题，其中一个主要的问题就是如何使不同的文化恰当地融合。[二]例如，2005 年时，沙特阿拉伯办事处的员工人数已经超过 300 人，沙特是伊斯兰国家，所有工作人员每天都会在固定的时间放下手上的工作去参加礼拜，这就给华为在沙特办事处的日常运营带来挑战。类似的困扰同样发生在其他国家的办事处。这就要求华为在国际化过程中，既要尊重不同国家和地区的文化，尊重文化的多样性，也要向外籍员工灌输企业的价值观，通过文化融合找到两者的平衡点。

之前华为文化的表现形式主要是《华为基本法》，带有浓重的中国特色，为了与国际接轨，2005 年，华为首先更换了企业标识，把原来的红太阳标识改为菊花标识，之后又重新界定了愿景、使命和战略。2008 年，华为成立了"核心价值观整理工作小组"，经小组提议、EMT 审议，形成了 6 条核心价值观：成就客户、艰苦奋斗、自我批判、

㊀ 华为技术有限公司 2006 年年度报告。
㊁ 吴晓波，等. 华为管理变革［M］. 北京：中信出版社，2017：182-185.

开放进取、至诚守信、团队合作。经过一系列整理，华为的宗旨体系更符合国际表达规范，便于海外员工和客户理解、接受。

国际化过程中遇到的另一个问题是语言问题，这个问题对工作效率有极大的影响。在外的中国籍员工不能很好地和外籍员工顺畅沟通，无意间形成了中外两支队伍；同样，外籍员工和总部之间的沟通也是问题，既有时差又有语言的障碍，沟通效率极其低下，在严重影响企业日常运行的同时，也影响了外籍员工的晋升。

为了解决这一问题，华为从两方面做了改变。一是改革总部的工作模式，成立了旨在帮助员工提升语言能力的语言改革小组，并将语言标准纳入任职资格之中，还设定了工作规则去推动变革。比如2007年之后，要求所有中国员工发往海外的邮件和报告必须用英文书写，收到英文邮件时，必须用英文回复；2008年之后，某些特定岗位需要实行全英文化，例如供应链部门要求必须用英语召开例会。二是尝试让国外员工接受华为特有的文化，一种方式是选拔出各国外代表处的优秀员工到中国总部参加文化、实践及技能的培训，让这些员工能深刻理解和接受华为文化，回到工作地之后还能更好地影响更多外籍员工。

（7）两次财经体系变革：支持业务与风险管控并重。

公司成立伊始，任正非就坚持，华为的财经管理不仅要支持业务发展和扩张，还要对业务活动进行风险管控和合理监督。本阶段的两次财经变革都是因业务变革引发的。

2000～2006年，华为实施了第一次大规模的财经管理变革[⊖]，变革

⊖ 吴晓波，等.华为管理变革［M］.北京：中信出版社，2017：136.

的主题是"四个统一",即"统一会计政策、统一会计流程、统一会计科目和统一监控"。1999 年,华为拥有员工 15 000 余人,营业收入达到 120 亿元。这一年开始,华为请 IBM 帮助其进行了两次大规模的管理变革:集成产品开发(IPD)和集成供应链(ISC)。随着业务变革的深化,业务部门的运营效率逐渐提高,而财经部门的管理似乎停滞不前,难以与业务发展相匹配,影响了公司整体效率的进一步提升。这场以"四个统一"为中心的变革,首先是"统一会计政策",最重要的是差旅费报销政策。在此之前,各个代表处都有自己独立的报销政策,诸如费用报销项目、出差标准等,变革实施后,建立起适合全球员工的差旅费报销政策和住宿政策。其次是"统一会计流程",以采购流程为例,变革后要求"四重匹配",即与供应商签订的合同、下的订单、入库单及供应商提供的发票要相互匹配,并且发票不经过采购部,而是由供应商直接寄给财务部。再次是"统一会计科目",之前华为只使用国家规定的会计科目,变革之后依据华为特有的业务特点和管理要求细分了科目。比如研发费用,在国家规定的会计科目里只列为一项,而华为分为人工工资、物料、差旅费等,以便于分项核算。最后是"统一监控",将代表处财务管理的职责收归总部,建立起"财务共享中心"。华为早期的组织结构过于分散,区域代表有较多的自主权,虽然有利于早期迅速扩张,但也导致山头林立,不利于总部对区域经营活动包括财务风险的监控,统一后加强了资源的集中配置功能,也有利于防止腐败行为的发生。

2006 年,华为海外市场营业收入已经占到总收入的 65%。随着海外订单的斩获越来越多,运营风险也越来越大。首先是海外订单中有很多"交钥匙工程",这些订单不仅限于设备销售,还包含大量的工程工作，如建信号塔等，这些工程项目的金额甚至高于设备销售金额。由于各个区域环境情况不同，华为很难估算这些工程项目的成本，以至于"很难判断每个海外订单是否盈利"。其次，收入确认也成为华为的难题，如果只做设备销售，客户验收后就可以确认收入了，工程项目的复杂使得财务人员很难找到恰当的收入确认点。上述两点不仅造成财务部门和业务部门的巨大冲突，也直接造成 2003～2006 年四年间华为利润率的下滑和现金流风险的增加。

2007～2013 年，为了应对财务上的风险，华为再次启动财经体系变革[⊖]，变革的核心主题是"解决财务与业务部门间的沟通和连接问题"，具体来说就是交付业务、研发业务、市场业务与财务之间流程的连通，以此来保证交易数据的准确性。通过这次变革，华为引入最小支付单位和最低交付单位的概念和做法，将每一份合同做出有效的分割，基于更小单位定价，明显降低了运营风险。同时将财务流程和业务流程紧密结合在一起，既保证了业务过程的准确，也有利于财务控制。

集成财经服务变革提升了华为整体的财务管理能力和财务绩效，同时也帮助华为解决了国际化进程中的财务问题。

（8）华为在系统成长期经营管理要点总结。

第一，系统成长的核心是沿着主航道向纵深扩张。华为本时期的增长主题牢牢围绕主航道提升竞争能力以增加市场占有率、扩张品类和国际化。

第二，这一时期，华为对通信设备制造商的定位仍然是在创业期

⊖ 吴晓波，等.华为管理变革［M］.北京：中信出版社，2017：146-157.

就已经确定的运营商和企业用市场。虽然华为在 2001 年已经研发出来第一部 CDMA 手机，但正如任正非在 2010 年所说："当年我们没想过做终端，我们是被逼迫上马的，因为我们的 3G 系统卖不出去，没有配套手机，要去买终端，买不到，才被逼上马的。郭平发明了转售路线，专门给大运营定制低端手机。"[一]

在运营商和企业用市场之间，运营商用通信设备也是主航道业务。华为创业是从企业用通信设备开始的，运营商用通信设备发展起来之后，企业网市场长期处于"受冷落"状态，没有被足够重视，一直处于辅助性状态。

第三，系统成长的关键是"复制成功"。华为在这方面做出了艰苦努力，业务流程化、工作模板化、表格化、IT 化、管理职业化的目的无不如此。

分蘖成长期（2011— ）：三大业务齐头发展，搏战"云管端"

2010 年，华为实现销售收入 1852 亿元，首次进入《财富》500 强，在坚持了 23 年的"运营商用通信设备"业务上，与行业老大爱立信的差距已经很小，"超过爱立信成为行业第一已经成为即将发生的现实"。此时的运营商用通信设备市场上，竞争结构处于僵持局面，很难再有大的突破，为实现进一步的增长，华为需要扩大业务边界，以打开新的增长空间。

[一] 任正非讲话：《与终端骨干员工座谈纪要》，2010 年 12 月 3 日。

自 2011 年开始，华为重新定义了业务，提出"云管端"战略，成立"运营商 BG、企业 BG、消费者 BG"三大业务群，组织上进一步授权，为三大业务群放开手脚，开启多业务增长的局面。这之后，华为的增长结构发生了明显变化：2010 年，在华为 1852 亿元的收入结构中，终端业务收入为 307 亿元，占总收入的 16%，而到了 2017 年，在华为 6036 亿元的收入结构中，消费者业务占比已经接近 40%，达到 2372 亿元。同时期企业业务也从 2011 年的不足 92 亿元增加到 2017 年的 549 亿元，占总收入的比重从 5% 提高到 9%。

（1）云—管—端战略：重新定义业务，打开增长空间。

2010 年前后，华为意识到信息行业正在发生深刻的变化。[一]2011 年年初，为适应信息行业的变化，华为做出战略调整，明确提出"云—管—端"战略，公司从整体上强调云管端协同，认为"要实现数字化转型，任何一个单一的技术都不可能完成这个事情，云的技术要靠端的联结来实现，端联结的数据要靠云端的处理来实现价值，而端和云之间需要网的联结"。

另外，由于"电信运营商网络"业务的发展空间受限，华为从战略上明确向企业业务、消费者领域延伸，协同发展"云—管—端"业务。2011 年，华为明确拆分为三大板块业务，包括通信网络设备（运营商）业务、企业网业务和消费电子业务。三大业务既保持整体层面"云—管—端"战略的统一，又在具体业务层面保持相对独立发展。2017 年，华为又将原隶属于企业 BG 云业务部门的 Cloud BU 升为一级

⊖　任正非讲话：《与终端骨干员工座谈纪要》，2010 年 12 月 3 日。

部门，与消费者 BG、运营商 BG、企业 BG 并列。

（2）组织再分权：成立三大业务群，经营权下移。

业务调整的同时，2011 年华为对组织结构做了相应的重大调整（如图 6-7 所示）。[⊖]

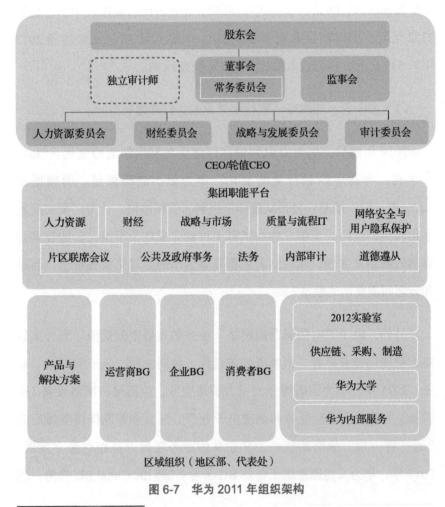

图 6-7 华为 2011 年组织架构

⊖ 华为投资控股有限公司 2011 年年度报告。

这次调整，用华为内部的说法就是"从原来的单核架构调整为多核架构"。[一]所谓多核，是指多业务。原来的单核业务都是在运营商网络这一个体系下，在 2011 年的新组织结构中，分出了企业业务、终端业务和其他业务，其他业务包括前面提到过的能源业务、芯片业务、互联网业务，在业务方面就分出了 4 个核，覆盖了运营商基础网络、企业业务、终端业务和其他业务（如芯片和能源基础设施），划分后的业务组织称为 BG（business group），即业务群（亦称事业群）。

2011 年的组织结构变革中，另一个重要措施是在组织上把研究与开发划分开。[二]开发归属在各个 BG 下面，仍采用产品线的组织方式，譬如，运营商有无线产品线、固网产品线、数据通信产品线、业务软件产品线等。研究从研发中划出来以后，专门成立了 2012 实验室，专攻前沿技术和面对未来不确定性的探索性研究。

这个组织结构的实质是打破了以前华为的矩阵制体制，吸收了事业部体制的精髓，是很具有扩张性的。三个 BG 的总裁既是总部董事会成员，又是 BG 层经营管理团队的主席，这种双重角色使总部董事会与 BG 经营层沟通保持畅通，确保各 BG 与企业整体战略统一。同时，决策权进一步下放至各 BG，各 BG 自行设立投资评审会和项目管理办公室，负责产品投资决策以及在管辖范围内的变革管理。各 BG 的运营依赖于公司提供的资源，集团层面的功能平台和服务部门为业务部门提供相应支持。如此一来，公司高管团队的领导权与各 BG 的自治权力更为平衡。

[一] 黄卫伟. 华为组织变革的认知和启示［J］. 华夏基石 e 洞察，2017.
[二] 黄卫伟. 华为组织变革的认知和启示［EB/OL］. 华夏基石 e 洞察，2017-03-01.

总体来讲，2011 年调整的架构顺应了市场逻辑，如企业业务的全球市场规模大体是运营商业务每年采购额的 8 倍，即运营商网络市场每年的设备采购额大约是 1200 亿美元，而企业网大约为 1 万亿美元。由于公司的组织模式一直是以运营商业务为中心，企业业务虽然市场很大，但却一直没有做起来；华为的终端业务更是一直在运营商业务中用贴牌的方式运行，这个业务虽然从来没有亏损过，但是也没有自己的品牌。

　　这次调整后，企业业务和消费者业务的成长动力很快得到了释放，2011 年之后三年的年增长率都接近 30%，消费者业务的年增长率更是超过 40%。

　　但这次调整很快暴露出问题，首先是核心业务的边界越来越模糊。所有的业务 BG 和服务 BG 部门都有很强的扩张欲望，如果不加限制，它们可能都会扩张出去，因为每个 BG 和 SBG 外部都有足够的市场空间。比如供应链，已经建立起一个全球的供应网络，即物流体系，完全可以承接外部的全球物流，服务就更不用说了。所以，新的组织架构运行不到一年，几乎所有的 BG、SBG 都在向公司打申请报告，讲故事、要投资、要资源，这就使得公司的资源被大大地分散了。其次，企业业务严重亏损。企业业务一开始扩张得太快，第一年扩张到 1 万多人，第二年扩张到 2 万多人。企业业务是向客户提供解决方案，性质上是服务，要具备向客户提供咨询服务的能力，在能力还未建立起来的时候就快速扩张，结果只能导致严重亏损。再次，各 BG 之间的开发资源不能共享，产品的重复开发现象愈演愈烈。最后，市场的主维度在组织和管理上被削弱，几大业务 BG 都试图直接进入市场。⊖

　　⊖ 黄卫伟. 华为组织变革的认知和启示［EB/OL］. 华夏基石 e 洞察，2017-03-01.

这些问题集中爆发，导致华为 2014 年再次调整组织架构。这次调整有两个关键举措：一是在市场体系中重新确立区域作为主维度。原来的企业业务和终端业务都把自己的销售组织伸到了区域，导致区域市场的内部冲突增大，这次调整重新确立了区域作为主维度的市场体系的部门设置原则。二是除了终端 BG 以外，把原来在运营商 BG 和企业 BG 下的研发组织重新归到了产品与解决方案体系下，回到了大平台下的产品线组织模式上，BG 只剩下市场（marketing）的功能。

2014 年的组织结构调整，虽然缩小了 BG 的自主权，但在区域上却进一步放权，在各区域子公司设立了董事会，目的是"让最听得见炮声的人来呼唤炮火""既及时放权，把指挥权交给一线，又要防止一线的人乱打仗，监控机制必须及时跟上"。

（3）员工持股制度再升级：时间单元计划，激活沉淀层。

华为的员工持股制度实行多年之后，那些入职年限很长的老股东通常拥有几百万股，这部分人每年光分红就有一两百万元，另有基本工资和奖金，很多人干了这么多年，年纪上去了，没那么大的动力再艰苦奋斗。而新来的年轻人，一腔热血，却没有股份，动力不足。同时，随着华为国际化进程，由于各国的法律各不相同，华为早期的虚拟股权制度很难在外籍员工中推行，如何激励越来越多的外籍员工也是很大的难题。

为了"让拉车的人永远比坐车的人拿得多"，2013 年前后，华为对虚拟股权制度再次升级，推出时间单元计划即奖励期权计划（time unit plan，TUP）[⊖]，每年根据部门绩效、员工的岗位、级别、绩效及配股饱和度，给员工配一定数量的期权。期权不需要员工花钱购买，但占饱和配股的额度，与虚拟受限股享有同等分红权和增值权，5 年为一个结算周期，结算期后期权清零。

奖励期权计划是一种非常简单的递延激励，由于采用的是现金而非股票，不存在任何法律上的障碍。从短期看，可以直接解决全球不同区域、不同国籍人员激励模式的统一问题，回归到任正非所坚持的获取分享制，只要你拉车而且能拉好车，你的价值就会在分配中得到体现，这是管理层和优秀员工所期望看到的一种局面。

从中长期看，随着 TUP 实施范围和力度的逐渐增加，TUP 收益的稀释作用会让虚拟受限股的比重逐年下降。随着时间的推移，对"奋斗者"的激励比重就会逐步赶上甚至超过"老员工"，从而纠正股权激励制度由于实施时间太长而导致过于强化历史性贡献的不合理性。

（4）集团平台部门向赋能型转变：共享中心＋业务伙伴（BP），支持多业务。

1998～2010 年，华为为了改变各地都有分支机构、代表处的格局，在组织层面努力将分散的职能集中起来，建立起全球共享中心。到 2010 年，华为已经形成了会计、人力资源、法律、合规、采购、安全事务等多个共享中心，这些共享中心集中履行公司职能，以达到降

⊖ 吴晓波，等.华为管理变革［M］.北京：中信出版社，2017：188.

低成本、改善服务、增加控制和成本透明度、减少冗余工作的目的。以财经体系为例，经过两次大变革，大约在 2010 年，华为在深圳建立起全球财务共享中心，在总账、应收账款等账务处理上实现了共享，并在全球建立起 7 个财务共享中心，主管当地片区财务，以便于更好地进行财务管控、资金管理和集中监控。[⊖]

2011 年之后，因多业务的结构，华为开始强调这些共享中心的业务伙伴职能。以人力资源体系为例，这期间就开始推动人力资源管理的"三支柱"职能，以业务伙伴（HRBP）、人力资源领域专家（HR COE）和人力资源标准服务提供者（HR SSE）三重能力出现。业务伙伴职能强调"提供业务导向的人力资源管理解决方案，推行人力资源管理流程循环"；人力资源领域专家职能强调"设计人力资源政策、流程和制度，对 HRBP 进行技术支持，并与 HRBP、HR 运营一起推广新的制度方案"；而作为人力资源标准服务提供者，则要做好"交付行政事务性的人力资源服务，优化运营"。

另一个赋能措施是成立战略预备队。[⊜]通过一系列的培训，战略预备队的人员具备在公司不同职能、不同地区和不同岗位就职所需的基本知识和能力。比如，2016 年将 2000 名技术员工转移到战略预备队，让他们从事研发之外的活动，诸如提供产品解决方案或者在全球服务部工作等。战略预备队不仅仅局限于研发部门，而是面向整个公司，包括市场营销、金融和供应链等。能够入选战略预备队的主要有三种人员：一是绩效排名前 25% 的员工；二是某些因市场形势发生变

⊖ 吴晓波，等.华为管理变革［M］.北京：中信出版社，2017：141.
⊜ 吴晓波，等.华为管理变革［M］.北京：中信出版社，2017：141.

化正在萎缩的区域，不需要再死守市场的员工；三是因产品战略调整，被停止的产品线中的员工。战略预备队的做法和华为"已经进入无人区""业务试错、变化频度增加"的业务状态高度一致。

（5）华为分蘖成长阶段经营管理要点总结。

第一，分蘖成长的关键是开辟新的市场领域，打破原有业务市场空间的限制。

第二，进入新的业务领域并不意味着多元化，而是重新定义业务边界，重新定义业务时仍然需要坚持"聚焦的原则，以避免资源分散"。华为这一时期将以往"运营商用通信设备制造商"的业务定位重新定义为"把数字世界带入每个人、每个家庭、每个组织，构建万物互联的智能世界"，改变了以往业务的性质，虽然同样是做手机，但做法却发生了实质性改变。另外，从表面上看，分别进入了运营商、企业网、消费者三大领域，但在"云—管—端"层面，还是统一的。

第三，分蘖成长不是离开原有业务另起炉灶，而是需要充分借助原有业务形成核心能力。华为在做手机业务和企业网业务的时候，都充分借助了原有运营商业务的积累，比如运营商客户渠道、销售网络、全球共享平台等。

第四，分蘖成长要想取得成功，机制上的配套对成败往往起决定性作用。华为的手机业务2003年已经开始，企业业务比运营商业务还要早，这两大业务的市场空间都远大于运营商业务，但由于在组织上是按照运营商业务的方式来做的，以至于多年没有大的起色。这一时期之所以取得重大突破，和组织上的放权、治理上的松绑是分不开的。

第五，分蘖成长最难处理的是掌握"与原有业务共享能力"与"保持新业务自身独特性"之间的平衡和度。华为分蘖成长也是几经试错，从早期的把手机业务当作运营商业务来做，到成立三大事业群、赋予三大事业群研发和市场独立权，再到把企业 BG 研发重新划归产品与解决方案平台，经历了"收—放—收"的反复调整，才找到了新业务独立空间和集中共享平台之间的平衡点。

重构成长（2013—）：进入无人区的探索

华为重构成长阶段和分蘖成长阶段基本上是叠合的。这意味着在主营业务齐头并进的同时，华为已着眼于未来的成长。其中有些变革甚至在分蘖成长阶段之前就开始了。华为创立已达 30 余年，仍然充满活力，当同时代创立的联想、海尔等明星公司纷纷出现"大企业病"，出现停滞，不得不大规模对企业进行战略和组织重构，以图实现转型重获组织活力时，华为丝毫没有停滞的迹象，仍然保持足够高的增长速度。对华为来说，变革是一项从未停止过的战争。成为行业领先者、进入无人区后，重构在更复杂的环境下进行，有了新的内涵。而面对新的严峻挑战，华为又一次站在起跑线上。

（1）向大企业病宣战。

事实上，自成立以来，任正非就对组织丧失活力心存警惕，早在1995 年就提出要在组织内持续"反本位主义、反惰怠、反腐败"。在华为，类似的活动从来没有停止过，比如 1996 年的市场部大辞职、2002 年推出的末位淘汰制、每几年就升级的员工持股制度……无不是着眼于此。

2009 年之后，在外部看来是华为"历史上最好的时期"，管理日趋完善、经营遍及全球、业务三驾马车齐头并进，但"大企业病"这种组织顽疾也或多或少地困扰着华为：规范化演变为烦琐哲学，制度化演变为教条主义、形式主义，傲慢自大以及活力的降低和惰怠现象蔓延……应该说，华为 2009 年以来发动的变革，主基调大多是"向大企业病宣战"——简化和优化管理○，通过持续的换血与输血保持组织活力，使组织远离"舒适区"，这将是华为今天和未来变革的长期目标与方向。2009 年以来，针对大企业病，华为发起的变革主要有：面向铁三角的组织变革，奋斗者文化大讨论，反惰怠、反腐败，班长的战争等。这些都是重构成长的序曲。有些行为将会一直延续下去。

（2）面向客户的"铁三角"的组织变革：让听得见炮声的人来呼唤炮火。

在华为快速发展的过程中，一个明显的趋势是资源和权力逐渐向远离"战场"的高层管理人员和职能部门集中。2008 年前后，华为内部的官僚作风已经相当严重，机关不了解前线，但拥有太多的权力与资源；为了控制运营的风险，自然而然地设置了许多流程控制点，而且不愿意授权；过多的流程控制点，降低运行效率，增加运作成本，滋生了官僚主义及教条主义。

○ 田涛. 华为变革管理［M］. 北京：中信出版社，2017.

2009 年 1 月开始，任正非意识到"后方配备的先进设备、优质资源，在前线一发现目标和机会时就能及时发挥作用，提供有效的支持，而不是拥有资源的人来指挥战争、拥兵自重"。于是，在任正非的主导下，发起基于面向客户的"铁三角"变革，向官僚主义宣战。

"铁三角"的精髓是为了目标，打破功能壁垒，形成以项目为中心的团队运作模式，旨在将主要的资源用在找目标、找机会，并将机会转化成结果上。[⊖]谁来呼唤炮火，应该让听得见炮声的人来决策。变革后，前端组织的职能变成全能，基层作战单元在授权范围内有权力直接呼唤炮火（指在项目管理上，依据 IBM 的顾问提供的条款、签约、价格三个授权文件，以毛利及现金流进行授权，在授权范围内直接指挥炮火，超越授权要按程序审批）。同时炮火也是有成本的，谁呼唤了炮火，谁就要承担呼唤的责任和炮火的成本。后方变成系统支持力量，必须及时、有效地提供支持与服务，以及分析监控。"铁三角"还明确要求，公司机关不能轻言总部，机关不代表总部，更不代表公司，机关是后方，必须对前方支持与服务，不能颐指气使。一线设立客户经理（account responsibility，AR）、解决方案专家（solution responsibility，SR）和交付专家（fulfillment responsibility，FR）三人作战小团队，从客户经理的单兵作战转变为小团队作战[⊖]，客户经理加强营销四要素（客户关系、解决方案、融资和回款条件，以及交付）的综合能力，要提高做生意的能力；解决方案专家要一专多能，对自己不熟悉的专业领域要打通求助的渠道；交付专家要具备与客户沟通清楚工程和服务的解决方案的能力，同时对后台的可承诺能力和交付流程

⊖ 任正非讲话：《谁来呼唤炮火，如何及时提供炮火支援》，2009 年 1 月 16 日。

⊖ 吴晓波，等.华为管理变革［M］.北京：中信出版社，2017：256.

的各个环节了如指掌。

以此为出发点，确定了以代表处系统部铁三角为基础的、轻装及能力综合化的海军陆战队式的作战队形，培育机会、发现机会并咬住机会，在小范围完成对合同获取、合同交付的作战组织以及对重大项目支持的规划与请求；地区部重装旅在一线的呼唤炮火的命令下，以高度专业化的能力，支持一线的项目成功。同时，借用了美军参谋长联席会议的组织模式，提出了片区的改革方案。片区联席会议要用全球化的视野，完成战略的规划，并对战略实施进行组织与协调，灵活地调配全球资源对重大项目的支持。[一]

在随后的财经变革中，将对"铁三角"组织模式的支持纳入并设为变革的目标。财务的进步是一切进步的支撑，可喜的是财务变革很快跟上。2010年，又进一步对研发等后方机构进行改革，以适应让听得见炮声的人来呼唤炮火的管理模式的转变。

2014年，任正非进一步提出华为组织变革的方向是实现"班长的战争"[二]，进一步向前方授权，强调授权以后，精化前方作战组织，缩小后方机构，加强战略机动部队的建设。划小作战单位，不是指分工很细，而是通过配备先进武器和提供重型火力支持，使小团队的作战实力大大增强。明确"用五至十年的改革逐步实现'班长的战争'，利用IT系统支持，将代表处作战指挥权力前移，从屯兵模式走向精兵模式，同时作战过程要可视透明，监管同步。3～5年内把LTC、账实相符，实现端到端贯通。五年以后，坚定不移地逐步实现让前方来呼唤炮火，

　　[一]　吴晓波，等．华为管理变革［M］．北京：中信出版社，2017：257．
　　[二]　任正非讲话：《任总在重装旅集训营座谈会上的讲话》，2013年7月23日。

多余的机构要关掉，缓解机关官僚化。"

（3）奋斗者文化大讨论：价值观保卫战。

2008年，正当华为努力解决全球化运营所面临的问题时，中国政府出台了《劳动合同法》。《劳动合同法》规定，企业不能解聘在企业工作超过10年的员工。而华为当时正在考虑如何调整那些工作年限较长、业绩较差的员工。华为管理层担心华为变得僵化，决定开展新一轮集体大辞职，要求内部所有工作超过8年的7000名员工上交一份辞职报告。[○]接下来有两种选择：第一是将过往工龄清零，与华为签订新的劳动协议；第二是带着补偿金离开华为。华为还趁这个机会调整了工号顺序，以打破由工号大小带来的阶层划分。

华为没有想到的是，这次集体大辞职引发了广泛争议。不仅这种措施被国家有关部门宣布为无效，而且引起部分媒体的指责。

之后的近两年中，华为在内部开展了文化大讨论。在这次文化大讨论中，任正非与大批员工座谈、发表多篇文章，强调奋斗对华为的重要性。通过这次大讨论，华为管理层和员工形成了在公司核心价值观上的一致，并于2010年5月，由任正非明确提出了"以客户为中心，以奋斗者为本，长期持续艰苦奋斗"的价值主张。

（4）从EMT自律宣言到"动真格"反腐：坚定不移地反惰怠、反腐败。

2010年，华为的高管层已经发现企业内严重的腐败和惰怠问题，

○ 吴晓波，等.华为管理变革［M］.北京：中信出版社，2017：185.

任正非认为，比腐败更严重的问题是惰怠，"挣了钱还不好好干活"。为此，华为轮值 CEO 徐直军于 2011 年 5 月特别讲话阐述在华为不能容忍的 18 种惰怠行为。

最早在 2005 年，华为管理层通过《EMT 自律宣言》制度化宣誓的方式层层要求所有干部，杜绝内部腐败。2013 年 1 月，华为高调地召开"董事会自律宣言宣誓大会"。2014 年年初，华为又在深圳坂田基地召开干部工作作风宣誓大会，宣誓内容包括"我绝不动用公司资源，也不能占用工作时间，为上级或其家属办私事。遇非办不可的特殊情况，应申报并由受益人支付相关费用"等。

2014 年，为了遏制腐败，华为对内部腐败进行了彻查。截至当年 8 月，已查实企业内部有 116 名员工涉嫌腐败，并追回资金 3.7 亿元，其中 4 名员工移交司法处理，涉及 69 家经销商。⊖

（5）挺进"无人区"：适应信息传递的多场景化。

2013 年之后，华为不仅在运营商业务上成为世界范围内的行业老大，在终端业务上也逐步成为行业头部企业。这意味着，在大信息传送领域，华为正在进入"无人区"。⊜无人区的好处是"竞争对手少了，商业环境得到一定改善"，在和客户的商务谈判上，有了议价权，盈利能力会提高。⊜但也存在问题：首先是没人在前面指明前进的道路与方向；其次是没有现成的规则，不知道哪儿是陷阱，完全进入一个新的

⊖ 《华为召开反腐大会重拳严打内部腐败》，财新网，2014 年 9 月 6 日。
⊜ 《任正非在日本研究所工作汇报会上的讲话》，2014 年 3 月 31 日。
⊜ 《任正非在项目管理资源池第一期学员座谈会上的讲话》，2014 年 7 月 23 日。

探索领域。"过去华为都是跟随别人，如今需要自己开路了。开路，就难免会走错路。"○

在此之前，不管是产品领域、业务区域，还是商业模式、组织形态，都发生过很多变化，华为都表现出强大的生命力。面对无人区的挑战，无论是互联网对传统运营商业务的侵蚀、IT 和 CT 的融合，还是终端领域快速变化以及巨大的市场机会，都需要华为公司这个组织保持对环境变化的敏感，避免成功者的路径依赖陷阱。这样，才能在聚焦管道战略的指引下，取得下一次的成功。◎

为解决无人区的不确定，华为首先在业务拓展上进行了改变。改变以往做大产品的做法，适应信息传递的多场景化，先后进入车联网、新能源汽车、智慧家庭、金融服务、智慧医疗、公共事业和公共城市等领域。⑤同时，华为吸收早期的经验，明确"场景化不是定制化，定制化是一个失败的道路。要用多场景化的解决方案来消化客户的需求，化解他们存在的问题"。在场景化的基础上，通过平台化、组件化，既能满足客户需求的多场景，又可规模复制，做得很好。在芯片、算法、射频等关键能力上进行平台化共享，平台化的技术应用到不同的组件当中，再把不同的组件组合起来，就构成了多场景化的解决方案。⑲

○ 任正非、徐直军、丁耘等与 Fellow 座谈会纪要：《比世界还大的是你的心胸》，2016 年 5 月 5 ～ 6 日、17 ～ 18 日。
◎ 陈黎芳：《失败并不可怕，可怕的是失去再次战斗的勇气》，2015 年 12 月。
⑤ 徐文伟在 2017 年世界物联网博览会无锡峰会上的发言。
⑲ 任正非：《在攀登珠峰的路上沿途下蛋——在上研所无线业务汇报会上的讲话》，2018 年 7 月 13 日。

为了应对多场景的业务，华为实行了"商业生态战略"：先后与Fraunhofer、SAP 签署协议，在工业 4.0 领域展开合作；与奥迪、大众在车联网领域开展合作[一]；与英特尔、海尔、美的、海康威视等在智能制造、智能家居领域展开合作。至 2018 年，已经与超过 500 家商业合作伙伴合作，涵盖车联网、智慧家庭、公共事业和公共城市等多个领域，并依托全球的 openlevel 开放实验室和联合创新中心，实现全球生态与本地生态的结合，提供客户化的解决方案。[二]2018 年年底，华为消费者事业群（BG）与京东达成战略合作协议，其全系列智能产品将与京东物联网（IoT）生态中的所有智能硬件产品实现互联互通。[三]这是华为打造 IoT 平台、实现"三圈"生态（一个主入口——手机，8 个辅入口——PC、平板电脑、电视等，泛 IoT 设备入口——照明、门锁等）的重要步骤。

（6）迷航中的技术创新：重视基础研究，建立多路径、多梯次创新机制。

华为自创业开始，就非常重视核心技术开发。1991 年，华为就开发出首款具有自主知识产权的应用型芯片（application specific integrated circuit，ASIC）。近年来，华为海思（Hisilicon）芯片尤其是用于手机的麒麟 CPU，已成为我国企业自主创新的象征。在全球技术竞争更加激烈的时代背景下，华为的创新实践已成为中国企业实现技术进步的标杆。

[一] 陈黎芳：《开放合作，构建生态，拥抱信息社会——在柏林"德国经济日"论坛上的演讲》，2015 年 6 月 9 日。
[二] 徐文伟在 2017 年世界物联网博览会无锡峰会上的发言。
[三] 微信公众号：智东西，2018 年 12 月 14 日。

在新的充满不确定性的航程上——按任正非的说法，华为已前进在迷航中，华为认为，重大创新是无人区的生存法则，没有基础理论突破，没有技术突破，没有大量的技术积累，是不可能产生爆发性创新的。在基础研究领域，华为支持科学家为理想而奋斗，短时间内，不去做商用产品，先让科学家一心一意研究科学，而不顾及商业利益。同时，建立宽容失败的文化，不以成败论英雄。对科学实验，要敢于面对失败。失败了就涨工资，成功了就升级。充分估计到基础研究的难度，失败了，只要讲清路径，也是成功。在公司主航道范围内，要有长远战略视野（"芯片急是急不来的"⊖），需要加大投入，更加积极地进行纵深研究。

在基础研究范围上，华为适当拉宽了战略扇面，加大了战略弹性，在新能源、石墨烯、大数据、云计算、人工智能、算法等领域均有研发布局。华为还把能力中心建到战略资源（主要指研发人才）聚集地区。只要有战略资源的地方，就建一个研究所，这些研究所一个重要的目的是和各领域从事前沿研究的教授互动，这些研究所，不一定行政统一、平台统一、招聘统一……每个区域的研究所对于每个区域的教授给予评价和支持。

为应对长期竞争和动态竞争，华为开始建立起多路径、多梯次的ABC多角色持续创新机制。A角定位现实主义，B角构建理想方案，C角实现自立。ABC角之间可以轮换，相互竞争，激活组织平台。任正非指出，C角之难，难于上青天。一定不要忘了暂时做不出贡献的

⊖ 任正非讲话：《励精图治，十年振兴——在Fellow及部分欧研所座谈会上的讲话》，2018年5月15日，6月4日～13日。

C角。这样，才能保证公司长久不衰。多路径的好处，在于可以快速找到战略机会的突破点，在战略突破口聚集人才。同时，并不关闭其他路径的研究，以培养开放思想的人才。一旦发现战略突破口选错了，立即转向，仍然有一批精干的轻骑兵等着领导大部队转换队列。[一]

（7）新愿景牵引新组织：发布人力资源管理纲要2.0（公开讨论稿），成立总干部部。

2018年年初，华为公布了新的使命愿景：把数字世界带入每个人、每个家庭、每个组织，构建万物互联的智能世界。其目的在于：第一，使员工感受到加入华为是做一件伟大的事情，产生加入其中、为之奋斗的热情，而不仅仅是为了挣钱。第二，使所在国家、社区、合作伙伴等，感受到华为做的事情，是促进其国家进步和当地社会及产业生态发展，而不仅仅是为了向其销售产品和获取当地资源。第三，体现华为作为一个全球化公司在整个地球上存在的价值，让全世界看到华为是在做一件推动世界繁荣和社会发展的伟大事业，通过持续的创新，开创和改变产业，为客户创造价值，承担社会责任，而不仅仅是为了获取商业利益。[二]

新的愿景、新的竞争环境以及5G产品的全球博弈，都要求华为不断淬炼组织、提升战斗力。任正非指出，华为未来的胜利保障，主要是三点要素：第一，要有一个坚强、有力的领导集团，但这个核心集团要听得进批评。第二，要有严格、有序的制度和规则，这个制度

[一] 任正非讲话：《在攀登珠峰的路上沿途下蛋——在上研所无线业务汇报会上的讲话》，2018年7月13日。

[二] 转引自吴春波：《中国人民大学劳动人事学院年会上的讲话》，2018年12月22日。

与规则是进取的。什么叫规则，就是确定性，以确定性应对不确定性，用规则约束发展的边界。第三，要拥有一个庞大的、勤劳勇敢的奋斗群体，这个群体的特征就是热爱学习。⊖

任正非所言三个要素都与组织有关。在组织建设方面，华为最近有两个大动作：一是公布人力资源管理纲要 2.0（公开讨论稿，2018 年 3 月）。纲要总结了公司以往的成功与实践，认为人力资源管理是公司商业成功与持续发展的关键驱动因素。二是展望未来，提出了人力资源管理需要继续和发扬的理念框架（如图 6-8 所示）。

激发好 两个动力	精神	1. 坚持"核心价值观"，用公司的愿景和使命激发员工个人工作动机，以公司的发展提供员工成长的机会，营造信任、协作、奋斗的组织氛围，持续激发组织与员工积极创造的精神动力
	物质	2. 坚持"多劳多得"，优化与完善全产业链价值创造与分享机制，让更多、更优秀的内外部人才参与到公司价值创造中来，让各类人才更愿意、更好地创造更大价值
管理好 三类对象	干部	3. 坚持"从成功实践中选拔干部"，打造"富有高度使命感与责任感，具有战略洞察能力与决断力以及战役管控能力，崇尚战斗意志、自我牺牲和求真务实精神"的干部队伍
	人才	4. 坚持"努力奋斗的优秀人才是公司价值创造之源"，让外部优才汇聚、内部英才辈出，建设匹配业务、结构合理、专业精深、富有创造活力的人才队伍
	组织	5. 坚持"业务决定组织"，适应不同业务特点，发挥大平台优势，简化组织考核，增强协作牵引，构建聚焦客户、灵活敏捷、协同共进的组织
人力资源自身管理		6. 人力资源管理要来源于业务、服务于业务，构建"以业务为中心、以结果为导向、贴近作战一线、使能业务发展"的人力资源自身体系

图 6-8　华为人力资源管理理念概括

⊖ 转引自吴春波：《中国人民大学劳动人事学院年会上的讲话》，2018 年 12 月 22 日。

华为发表人力资源管理纲要 2.0（公开讨论稿）之后，决定成立总干部部。人力资源管理部门负责人力资源政策、规则制定，以及人力资源管理体系化、专业化建设，干部管理部门在政策与规则的框架下，将政策、规则与各部门实际相结合，执行对人的管理。设立总干部部的目的在于将人力资源的决策权、管理权、执行权分开，解决人力资源管理过度、来自一线人员较少、不能满足业务部门差异化需求等问题。干部部门是管人的，负责全局范围内协调干部资源，负责干部跨领域成长和流动，负责干部能力成长和后备体系建设等。

成立总干部部并形成分级干部管理体系，有利于加强核心骨干团队管理，有利于选拔、激励真正能带兵打仗的人，有利于打造从胜利走向胜利的铁军。

（8）华为重构成长要点总结。

第一，重构成长需要解决两个问题：一是解决组织内部的惰怠、僵化和官僚主义；二是应对行业的变化和未来的不确定性，重构内部经营要素（人才、技术、资金、数据等），打破内部的资源结构的固化。

第二，华为在重构成长期并没有真正到来时，能够始终保持对组织的三大顽疾——"惰怠、山头主义、腐败"的警觉，在大企业病并不严重时，便启动相应的变革，缓解症状，减少了组织阵痛，顺利、平滑地进入重构成长阶段。

第三，华为分蘖成长阶段和重构成长阶段基本平行，一方面说明华为现有主营业务在"重构"中发展，为自身打开了未来之门，即"重构"已融合在分蘖成长之中；另一方面意味着未等现有主业老化，华为已开始探索新方向、拓展新领域、开发新能力。而新兴业务与现有业务无论关联度大小，都被包含在物联网（IoT）大平台的战略构想之中。分蘖与重构并行，也有些未来已来的意味。

第四，面向未来，华为加大了战略弹性，拉开了战略纵深。在聚焦主业的同时，华为增加了新兴业务的触角，总的业务结构宽度增加并且呈现出较清晰的层次。在关键及核心技术开发上，加大底部基础研究力度，使研发活动的目标及时间跨度更大，使研发项目梯次更加分明，使华为未来产业发展有更深厚的技术基础。与此相适应，在组织上尝试多角色、多梯队以及分布式结构。

第五，组织建设是华为成功的关键因素和命门。华为最大的成功，在于知识型员工的激励和管理。随着重构成长阶段的到来，华为组织建设又有了新的内涵。在坚持核心价值观、责任结果导向与自我批判的前提下，更加强调根据业务结构和特征实行差异化人力资源管理；更加注重选拔敢战、善战、能打赢"班长战争"的一线主官，打造"富有高度使命感与责任感，具有战略洞察能力与决断力以及战役管控能力，崇尚战斗意志、自我牺牲和求真务实精神的干部队伍"⊖；更加强调基于信任关系简化管理体系，简化过程性考核与管控……个体与组织、物质与精神、分治与统治、业务与平台……在新的发展时期，将会出现新的平衡。

华为成长全景案例小结：让变革成为常态

华为的成长历程表明，企业成长是一个没有尽头的过程。成长既

⊖ 《华为人力资源管理纲要 2.0（公开讨论稿）》，2018 年 3 月。

是企业经营的管理目标，也是其结果。企业成长过程中会经历不同的成长方式，在不同成长方式的切换中需要企业发起变革。概括来讲，企业的成长是一个"开辟新业务、快速扩张、形成可复制化的能力、结构化停滞、变革驱动成长"的螺旋式上升过程。在这一过程中，变革是一种常态。企业需要不断发现阻碍企业内外部的因素，通过变革来消除障碍，以取得更有效的成长和更大空间的成长。华为在不同阶段及其成长方式发生转换时，总能够适时启动变革，从未出现因大的盘整而增长停滞的状况，一如一支掌握了空中加油和在线维修技术的战斗机航队，一路前行，从未停歇。

1990年，华为刚刚开始自主研发，就推出"内部融资、员工持股"的机制，等到1992年C&C08机研制成功，大机会来临，华为便开始爆发性增长。

1993年进入机会成长期，华为以翻番的速度增长的同时，于1996年通过"市场部集体大辞职"的方式调整人员结构，以配合营销模式转换；紧接着便着手起草《华为基本法》，为成为世界一流企业做好理论准备；在1998年之后的十年里，华为发起了"走向制度化、规范化、职业化"的大变革，向世界一流标杆学习，陆续进行了组织流程化改造、管理职业化改造，以及人力资源、财务、质量、营销管理的职能化建设，彻底将华为改造成为一个具备全球化一流标准的企业，即使在这期间遭遇了"寒冬"，变革的方向也从未转变。

2009年，在华为处于"最好的时候"，却推动了防止"大企业病"的系列变革措施，几乎与此同时，为解决增长空间受限的问题，调整了战略，重构了业务，重新定义了主航道，并且做出了相应的组织变革，成立三大事业群，将职能平台从共享中心改造为"赋能中心"，等等。

（1）变革管理体系。

华为之所以能实施发动管理变革，并总能取得成功，不仅源于创始人强烈的危机感，还在于华为有一套完整的变革管理体系。我们将其概括为图 6-9。

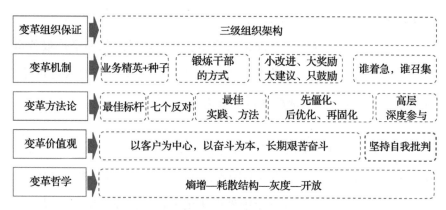

图 6-9　华为变革管理体系

（2）任正非的危机观：自我批判，惶者生存。

自创立华为，任正非似乎一直生活在"危机和惶恐"之中。正如他在 2001 年发表的《华为的冬天》一文中所写："我天天思考的都是失败，对成功视而不见，也没有什么荣誉感、自豪感，而是危机感，也许是这样才存活了下去。我们大家要一起来想，怎样才能活下去，也许才能存活得久一些。失败这一天是一定会到来的，大家要准备迎接，这是我从不动摇的看法，这是历史规律。"[⊖]任正非经常用"熵""耗散结构"等系统科学的概念分析组织的活力与前途。任正非显然受到《熵：一种新的世界观》[⊜]一书的启发。该书作者根据热力学第一定律，认为任何一个封闭系统，都会因为可利用、有能量的活力越来越少，不可利用的能量沉淀越来越多而不可逆地走向死亡。

2006 年，华为的成长有所突破，任正非却提醒员工居安思危："繁荣的背后，都充满危机，这个危机不是繁荣本身必然的特性，而是处在繁荣包围中的人的意识。艰苦奋斗必然带来繁荣，繁荣后不再艰苦奋斗，必然丢失繁荣。'千古兴亡多少事，不尽长江滚滚来'，历史是一面镜子，它给了我们多么深刻的启示。我们还必须长期坚持艰苦奋斗，否则就会走向消亡。当然，奋斗更重要的是思想上的艰苦奋斗，时刻保持危机感，面对成绩保持清醒头脑，不骄不躁。"[⊜]

危机感推动自我批判。华为多年推行的"自我批判"的管理方式，源于对危险的警觉。任正非常常警告公司的高管们：红到极时变成灰，他总是要求高管们多读点古今中外的历史书籍，关注和思考业界同行及历史上种种内朽自毁的悲剧。

2008 年，在《从泥坑里爬出来的人就是圣人》的讲话中，任正非系统阐述了"自我批判"在华为历史中的作用："20 多年的实践，使我们领悟到了'自我批判'对一个公司多么重要……没有自我批判，

⊖　任正非讲话：《华为的冬天》，2001 年 2 月 17 日。
⊜　杰里米·里夫金，特德·霍华德. 熵：一种新的世界观［M］. 上海：上海人民出版社，1987.
⊜　任正非讲话：《天道酬勤》，2006 年 1 月。

我们面对一次次的生存危机，就不能深刻自我反省，自我激励，用生命的微光点燃团队的士气……我们还能向前走多远，取决于我们还能坚持自我批判多久。"

（3）变革的起点：以客户为中心。

在 1998 年发布的《华为基本法》中，已经明确提出"为客户服务是华为存在的唯一理由"，客户需求是华为发展的原动力。企业的供应链就是一条生态链，客户、员工、合作者、供应商、制造商在同一条船上，但利润只能从客户那里来，企业的每项活动必须围绕客户的利益去调整。

华为在所有变革的过程中均坚持"以客户为中心"。对华为来说，"以客户为中心"是公司的价值主张，也是变革的起点，客户的不满意就是最重要的变革信号。无论是研发、供应链、法务还是 IT 体系，都要"以客户为中心"。例如，华为的客户关系管理和销售管理体系变革，建立相应的 IT 体系，追踪一线销售管理人员的每项活动，目的都是帮助及时满足客户的需求，同时解决现金流回款的问题。

（4）变革第一方法论：老老实实向标杆学习。

与大多数中国企业相比，华为在学习西方公司的管理方法上，走得更为坚决、彻底。华为的变革从来不追求形式主义和面子工程，而是追求"循序渐进地推动变革落地"。华为的变革方法论，可以概括为：第一，变革前先找到世界上最好的公司作为标杆；第二，聘请知名咨询公司，通过学习和采纳业界最佳实践，帮助华为缩短与国外最好公司的差距；第三，尽可能如实地在公司复制业界最佳实践和制度；第四，充分消化吸收后，再结合自身的实践优化、迭代，实现反超越。⊖

任正非在 2001 年发表的《活下去是企业的硬道理》一文中，进一步明确了这一方法论："我们现在向合益集团买一双'美国鞋'，中国人可能穿不进去，在管理改进和学习西方先进管理方面，我们的方针是'削足适履'，对系统先僵化，后优化，再固化。"

（5）变革的机制和组织保证。

华为在组织变革中始终重视变革的质量，并且将变革质量优先于变革按时完成的目标。持续性变革的目的是消除组织惯性，激活组织沉淀资源，与变化的环境匹配，但变革不能急躁冒进。任正非明确提出，变革需要遵循"小改进、大激励，大建议、只鼓励"的原则，这个原则充分体现出评估变革成功的标准是质量与结果。

在变革小组成员上，华为采用"业务精英+种子选手"的方式，用任正非的话就是"少数明白人带一群聪明人"。华为认为，变革的核心是服务于业务，只有业务精英才最懂业务，他们参与才最可能把变革推得更有成效。同时，参加各类变革小组也是华为培养领导人的重要途径。华为选拔业务部门的一把手，让他们脱离原岗位，加入变革团队，这些未来的领导人就没了"退路"，就可以专注于变革项目，在变革项目的推进实施中，会锻炼他们的系统思维，这也是更高层干部

⊖ 吴晓波，等 . 华为管理变革［M］. 北京：中信出版社，2017：36.

的必备素质。

　　由于变革通常不能由一个部门来完成，华为在发动变革时通常确保高管团队能够全力支持，并且全面参与每一项变革。为保证变革的制度化实施，华为建立了一套标准化的制度体系以顺利发起和实施变革，在架构上设立了变革指导委员会、变革项目管理办公室和变革项目组三个层级的变革机构。在早期的重大变革项目（如 IPD 和 ISC）中，变革指导委员会的主席都是华为当时的董事长孙亚芳，而任正非与来自 IBM 的专家一同担任指导委员会的顾问，委员的工作成员都是从业务线上抽调的专业干部；项目指导委员会的常设机构是变革项目管理办公室，负责变革项目的具体事务，如项目过程的追踪、完成的质量监督等，还负责资源调配和不同项目之间的融合。华为的轮值CEO 郭平，就曾是变革项目管理办公室的主任。每个项目都由专门的项目组负责执行，每个项目组都有一个"赞助人"，该赞助人通常由公司的高级副总裁担任。

CHAPTER7
第七章

美的成长全景案例

美的的研究价值

2006 年，美国高盛集团、瑞士信贷和比尔及梅琳达·盖茨基金会提出投资美的。高盛给出了六个投资美的的理由："所处市场空间足够大；每个产品都处于所在领域的前三，符合数一数二原则；优秀的职业经理人团队；具有分权经营和激励约束的成熟模式；产权清晰；长期的行业经验和历史沉淀。"⊖高盛为美的总结的这六点特质，看似平淡无奇，都是做企业的本分，但能同时满足这六个条件的，在中国家电行业，乃至中国企业里，"很难找出第二家"。

美的是低调的。美的创始人何享健很少见媒体，也没有什么宏篇

⊖ 陈润. 生活可以更美的 [M]. 北京：华文出版社，2010：116.

大论。在总结美的经验时，何享健认为，"企业要发展要壮大必须抓住几个环节：一是要有好的产业；二是要有好的人才结构，因此必须不断引入竞争机制；三是要有好的管理体制和机制，并且有好的制度来保证；四是要有一个合理的结构和架构。美的在多年的发展中，形成了一套有美的特色的企业文化，形散而神聚。"⊖

伴随着国家的改革开放，美的用"后发国家企业典型的追赶方式"，以不引人注意的跟跑者角色（近年来正在从跟跑者转变为领跑者），长期处于中国家电这一公认的红海，持续增长数十年。直到近年，越来越多的人开始关注美的时，它已经成为家电行业在《财富》500 强中屈指可数的企业。

（1）连续数十年的增长。

家电业是国内改革开放以后最早发展起来的行业，竞争异常激烈。其主要特征是：成熟度高，行业透明，市场容量巨大，但利润率很低。

美的，这家从 5000 元集资创办开始的乡镇企业⊜，伴随着家电行业的发展和升级，一直处于高速增长状态。1992 年，美的销售收入不到 5 亿元，2001 年过百亿元达到 105 亿元，2012 年过千亿元达到 1026 亿元，2017 年过 2000 亿元达到 2407 亿元，美的一直保持着几年一个

⊖ 《何享健在人才科技大会上的讲话》，1998 年 6 月。
⊜ 数据来源：美的展厅介绍。

大台阶的发展势头（如图 7-1 所示）。[⊖]

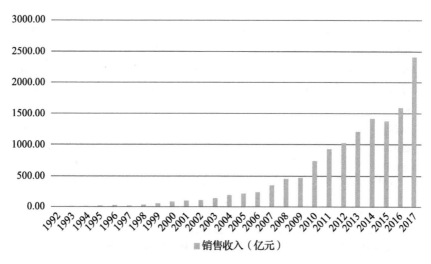

图 7-1 美的集团历年销售收入

　　特别是最近 5 年，在家电行业利润率"薄如刀刃"的竞争环境下，美的保持了利润与规模双增长，净利润从 2012 年的 35 亿元，连续增长到 2017 年的 173 亿元（如图 7-2 所示）。

⊖ 数据均来自上市公司美的集团、美的电器和粤美的历年年报。需要说明的是，美的上市公司主体多次变更，1993～2003 年为"粤美的"，2004～2012 年为"美的电器"，2013 年之后为"美的集团"，数据来源为相应年份上市公司主体的年报。上市主体名称变更的同时，也会有上市公司部分与非上市公司部分业务边界的重新划分，会出现 2004 年和 2012 年两个节点前后年份数据口径不一致。2004 年主要是部分业务转到非上市主体中，其中最重要的变化是将上市公司美的电器控制的核心配件业务"威灵电机"75% 的股权转让给非上市主体"美的集团"；2013 年美的集团以"换股吸收合并美的电器并上市"，大大扩大了上市主体部分的业务边界：小家电、电机、物流等板块正式纳入上市主体。这种变化使得 2004 年和 2012 年两个节点的数据受业务边界的干扰。如美的集团 2011 年销售收入为 1340 亿元，2012 年为 1025 亿元，而同时期美的电器的年销售收入分别为 931 亿元和 681 亿元。非上市公司部分数据获取困难，造成了数据口径的不连续，但在业务的发展路线上，作者利用访谈及其他公开与非公开渠道做了补充，以弥补报表的局限。

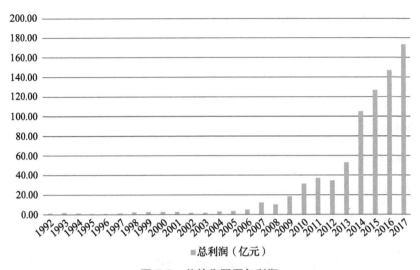

图 7-2　美的集团历年利润

注：数据均来自上市公司美的集团、美的电器和粤美的历年年报。

（2）后发国家企业典型的追赶方式。

纵观世界企业的发展史，后发国家企业的典型发展和追赶轨迹是：第一步，全方位向发达国家先进企业学习，学习它们的技术、管理、市场开发等；第二步，在对先进企业的技术和管理消化吸收的基础上，发育自己的技术和管理体系，实现对先进企业的追赶；第三步，建立自己的优势，逐步实现对先进企业的超越。日本的知名企业丰田、本田、索尼、松下，韩国的三星、LG、SK、现代等，无不如此。

美的也不例外。美的在发展早期，为了向发达国家先进企业学习，采取了很多办法，比如合资、合作、代工等。在采取这些措施的同时及其之后，美的建立起自己的技术研发团队和体系；开发拥有知识产权的产品和技术，运作自主品牌，努力实现对国际领先企业的超越。直到今天，美的仍然行进在这条道路上。

美的的这种做法在中国同时期的企业里也很常见，但不是每个企业都实现了追赶的战略意图。在汽车行业，大部分中资汽车企业希望以"市场换技术"，引入一个又一个世界汽车巨头来合资、合作。但几十年后，品牌和技术还是人家的，自己的核心能力仍然没有发育起来。与华为相比，美的创业时的起点更低，技术力量更加薄弱，其追赶经验对于大量中小民营企业可能更具有借鉴意义。

（3）治理与职业化的先驱。

产权改革、员工持股制度、年薪制、MBO、事业部制、二代传承、事业合伙人，这些在中国企业界引发种种讨论的热门概念和做法，最初在中国实行时，美的都是第一批"吃螃蟹"的公司。在推行这些机制的过程中，美的很少失败，反而获益匪浅，每次都把企业的发展推向更高的台阶（如图7-3所示）。

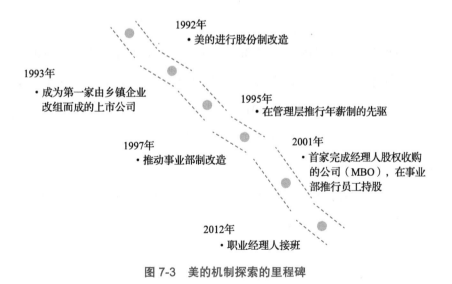

图 7-3　美的机制探索的里程碑

1992 年，顺德率先在国内进行企业产权制度改革。当时的何享健敏锐地判断，产权不清晰，企业很难按照市场行为管理和发展，便申请成为顺德第一批改制的乡镇企业。由于改制早，1993 年，美的成为中国第一家上市的乡镇企业。⊖

1993 年上市成功让美的获得飞速成长，美的空调在全国销售进入前三位。1996 年，美的经营业绩首次出现大幅下滑，1997 年，美的推动事业部制改造，为企业"二次创业"奠定了基础。事业部制改造的成效第二年就显现出来，1998 年，美的空调产销 100 多万台，增长80%；风扇产销 1000 多万台，高居全球销量榜首；电饭煲产销也稳坐行业头把交椅。

2001 年，美的启动经理人杠杆收购，彻底解决企业产权问题，完成了产权和分配机制改革的惊人一跃，使企业进入全面发展的良性轨道。⊖

2009 年，美的创始人何享健，在美的电器收购小天鹅、方洪波接任小天鹅董事长后不到两个月，召开董事局会议，把方洪波送上了美的电器董事局主席的位置。2012 年 8 月 25 日，美的集团宣布，70 岁的何享健"退位"，45 岁的方洪波接棒出任美的集团董事长。美的交给了一个在公司工作了 20 年的职业经理人。此时，与何享健同时代的企业家——华为的任正非、海尔的张瑞敏，还奋斗在企业的第一线；万向集团的鲁冠球和儿子鲁伟鼎、娃哈哈的宗庆后和女儿宗馥莉正在

⊖ 陈润.生活可以更美的［M］.北京：华文出版社，2010：93-100.
⊖ 上市公司"粤美的"2001 年年度报告。

对企业共治，为交接班做准备；数年前将公司交给职业经理人杨元庆的柳传志，正在重新出山拯救联想发生的困局。相反，交棒后的美的，表现出惊人的爆发力，之后的 5 年中先后完成了销售额 1000 亿元、2000 亿元的跨越。

美的成长阶段划分

美的自 1968 年创立至今，已历时 50 年。50 年中，美的不仅实现了规模上的大跨越——2017 年的销售额已达 2407 亿元；经历了业务上多次大跨度的转型——从一个生产瓶盖的小厂转型为大型家电集团，再进入智能制造领域；还在组织上几番变迁，从直线职能制到事业部制结构，再到平台整合……纵观美的的发展历程，大致可以分为如下几个阶段（如图 7-4 所示）。

1968 ~ 1979 年，创业前期。由于政策环境和市场环境的限制，美的在这 12 年中以生产自救为目标，先后尝试了塑料瓶盖、药用玻璃瓶、汽车配件、发电机等业务，但都不成气候，既没有找到支撑企业长期发展的机会，也看不到企业持续发展的可能。

1980 ~ 1992 年，创业期。偶然的机会，美的进入了家电市场，从此找到了支撑企业长期持续发展的大机会，开启了"做大做强做久"的创业历程。在此期间，美的确定了小家电和空调两大业务方向，并且为未来的增长打下了人力资源基础。

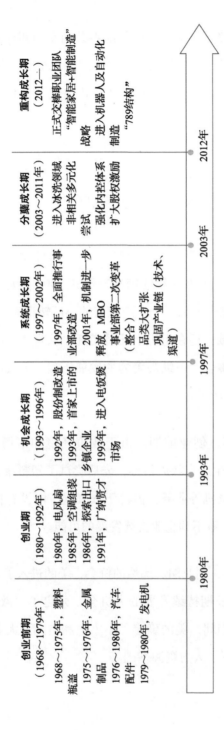

图 7-4 美的成长阶段划分

1993 ～ 1996 年，机会成长期。美的得益于改革开放以来第一次消费升级带来的巨大风口和成功改制上市带来的活力，以近乎野蛮的方式高速增长，销售收入从 1992 年的 4.87 亿元上升到 1996 年的 25 亿元，产品品种也达到五大类，共计 200 多种。

1997 ～ 2002 年，系统成长期。为了与多品类的业务相适应，美的对公司组织结构进行了事业部改造，并围绕事业部的组织形式改进了激励与控制体系。这一调整重新把美的推上增长的快车道，销售收入从 1997 年的 20 亿元增长到 2002 年的 108 亿元，规模上实现了向百亿级的跨越。同时，在此期间，产品品类上向商用空调、微波炉、饮水机、洗碗机等领域扩张，产业链上向压缩机、物流领域延伸。

2003 ～ 2011 年，分蘗成长期。2002 年事业部二次改革之后，美的再次取得跳跃式发展，其销售收入在 2002 年 109 亿元的基础上，2003 年实现 137 亿元，增长率超过 27%；2004 年更是增长近 40%，达 192 亿元；到 2009 年，美的销售收入已达 473 亿元。规模增长的背后是业务的扩张，这期间除了继续在日用小家电和空调领域扩张之外，美的还在 2003 年并购华凌集团、2004 年重组荣事达集团，正式进入冰洗领域，其间还尝试进入汽车等非相关领域。

2012—，重构成长期。2009 年 8 月，美的电器宣布其 67 岁的创始人何享健将上市公司美的电器董事局主席的位置让与总裁方洪波，标志着美的交接班的开始。2012 年 8 月 25 日，美的集团宣布，70 岁的何享健"退位"，方洪波接棒出任美的集团董事长。之后，方洪波对美的的业务和组织进行了大规模重构，不仅对原有的业务进行了大规模的裁撤、重组和升级，还开展了与华为、小米、阿里等企业的跨界合作，力度更大的是，收购库卡，进入工业机器人领域。此期间先后实现了整体上市，销售收入过千亿元、过2000亿元的目标。

创业前期（1968～1979年）：艰苦探索的岁月

美的的前身最早追溯到1968年，在何享健的带领下，23位顺德北滘居民每人集资50元，另通过其他途径共筹得资金近5000元，创办了"北滘街办塑料生产组"，使用简陋的手动设备，生产塑料瓶盖等小型塑料制品，以生产自救的方式开始了最初的创业。[一]

从1968年到1979年的12年里，何享健和他领导的"北滘街办塑料生产组"在生产自救中不断寻求生存机会，先后做了很多尝试：

1968～1975年，生产销售塑料瓶盖，后来增加生产药用玻璃瓶（管）、皮球等。[二]

1975～1976年，更名为"顺德县北滘公社塑料金属制品厂"，尝试做金属制品，包括五金制品、橡胶配件、标准零件等，这些产品主要卖给那些购买药用玻璃瓶的制药厂和运输部门。[三]

[一] 陈润.生活可以更美的[M].北京：华文出版社，2010：22-23.
[二] 胡晓阳，张洪.美的制造[M].深圳：海天出版社，2009：2-3.
[三] 陈润.生活可以更美的[M].北京：华文出版社，2010：25-32.

1976～1979 年，再次更名为"顺德县北滘公社汽车配件厂"[⊖]，主要生产汽车挂车刹车阀，兼营汽车橡胶配件。1979 年，由于电力不足，很多地方缺电，何享健将业务转向生产制造发电机。之后，何享健还曾尝试做汽车旧车翻新业务，但因为想法太超前没有得到上级单位领导的支持，最终都不了了之。

从北滘街办塑料生产组到北滘公社汽车配件厂，都只能说是美的的前身，算不上美的的创业阶段。因为在这一阶段，由于政策环境和市场环境的限制，何享健和他的合作伙伴不可能有"做大做强、做百年企业"之类的目标，而只能立足于生产自救，这和后来的美的完全不在同一条发展轨道上。

2008 年，在纪念美的创业 40 周年之际，何享健也认为，虽然美的是从 1968 年开始创业的，但前十余年只能算是小孩子，搞不出什么名堂。美的真正发展起步，还是靠改革开放。

但通过美的在这期间的发展轨迹，仍然可以看出何享健的经营观的雏形：以市场机会为出发点，克服万难突破能力限制。从生产塑料瓶盖、药用玻璃瓶、皮球，到生产金属制品、汽车配件，再到生产发电机，何享健的决策几乎完全依赖于市场机会，看到机会就上，可谓是"逮着老虎吃老虎，逮着耗子吃耗子"。而这时候企业就像个学习能力很强的少年，无所畏惧，不拘泥于已经熟悉的事情，不受既有的能力约束，对新鲜事物敢想敢干。可以想象，一群做瓶盖的员工具备生产金属汽车配件和发电机的能力，需要付出多大的努力。

⊖ 陈润. 生活可以更美的［M］. 北京：华文出版社，2010：33-36.

创业期（1980～1992 年）："借"出来的创业成功

1980～1992 年的 12 年间，美的偶然进入电风扇业务，开启了在家电行业发展的征程。这期间，美的从做电风扇开始，之后又进入空调领域，先后遭受挫折。创始人何享健因此认识到人才的重要性，而后广纳贤才，终于在 1992 年打开空调市场的局面，并建立起空调领域的技术和市场人才队伍。

（1）从电扇到空调：并不稳妥的"跟风"策略。

1980 年，生产小电机的美的接到一单大业务——为广州第二电器厂（后来的远东风扇厂）生产风扇零配件。

何享健敏锐地觉察到家电市场的巨大潜力，"主要原因是顺德与港澳交往比较早，港澳同胞回家乡所带的东西就是家电。我觉得家电必然会成为实实在在的大市场。另外，改革开放后，来中国来顺德搞投资、搞合资的大部分商人也选择家电行业。我们自己一开始给国有企业广州钻石牌风扇厂加工零配件，从家电起步，也符合当时的工业基础。"⊖

可见，美的选择做风扇是基于"跟风"。"只要大多数人做的事情，通常不会犯大错"在中国人的观念里根深蒂固，早期的何享健也不例外。事实上，当时美的所在的顺德及其周边地区已经有不少风扇企业颇具规模了，美的做风扇毫无优势。但无论如何，何享健还是决定在给广州第二电器厂生产零配件的同时，开始自行研究试制电风

⊖ 陈润.生活可以更美的 [M].北京：华文出版社，2010：39-41.

扇，并于 1980 年 11 月生产出第一台 40 厘米金属台扇，取名"明珠"牌，到 1981 年 3 月，才首次使用"美的"品牌，美的自此正式进入家电业。

当时的珠三角，对于依照样板仿造，同时在加工仿造过程中通过小修小改的变化来生产所谓"自己的产品"的事情司空见惯。由于技术简单、投资不大，顺德一下子就冒出了 200 余家风扇厂，在全国范围内甚至超过 5000 家，产业环境急转直下。美的一方面面对恶性竞争带来的恶性价格战，另一方面面临宏观调控带来的原材料涨价，产品大量积压，资金链也出现严重问题，在风扇业才刚起步的美的迅即陷入困境。

为了摆脱这种困境，美的做了三件事情：

一是对产品进行升级，摆脱价格战的困境。何享健在澳门发现了一种"塑料转叶的风扇"，这种风扇不仅轻便、噪声低，更重要的是，在钢材等原材料普遍涨价的情况下，可以大大降低成本。1984 年，美的推出"全塑风扇"[○]，并在市场一炮打响。

二是进军国际市场。为了进军国际市场，突破质量难题，美的先后获得美国 UL、德国 GS、英国 BS、加拿大 CSA 等国家标准认证，并于 1987 年实现批量出口。

三是进入"技术含量更高"的空调领域。1985 年，美的成立空调设备厂，进入空调领域[○]，由于技术准备不足、人才匮乏和市场需求不足，美的曾一度陷入困境，但终于在 1991 年打开市场局面。

○ 陈润.生活可以更美的 [M].北京：华文出版社，2010：46-49.
○ 胡晓阳，张洪.美的制造 [M].深圳：海天出版社，2009：4.

（2）借助外力求发展。

在美的的创业过程中，充满了"借"："借鸡生蛋"上马空调项目，"借船出海"打开境外市场，"借力发展"突破技术瓶颈，向员工借钱解决资金困难，等等。

"借鸡生蛋"上马空调。[一]1985年，美的决心进入空调领域。由于当时电力紧张，国家对高耗电行业施行限制发展的调控政策，美的的空调项目迟迟得不到政府批准。这时恰逢广州航海仪器厂因为经营不善要下马一条空调生产线，何享健马上决定收购这条空调生产线，作为进入空调业务的切入点。双方很快达成协议：美的出资收购这家国营企业的二手生产线，国营厂负责将生产技术、图纸、生产工艺文件、设备磨具、产品零件等，一并转移给美的。

"借船出海"走出国门。1986年，美的为避开国内的激烈竞争，实行"不与国内同行争天下，走出国门闯市场"的市场策略[二]，决定开辟境外市场。但由于对境外市场一无所知，美的便寻求香港贸易商的支持，借助贸易商的力量开拓境外用户。同时，由于品牌基础薄弱，又缺少运作品牌的经验，美的选择 OEM（贴牌生产）作为其走向国际市场的第一步。

"借力发展"突破技术瓶颈。无论是做风扇还是做空调，开始时美的都面临技术缺乏的难题，何享健后来回忆说，"当时我们技术水平有限，生产设备、工艺水平也有限，所以心里也是不踏实，把产品卖

　　㊀ 陈润.生活可以更美的［M］.北京：华文出版社，2010：61-64.
　　㊁ 陈润.生活可以更美的［M］.北京：华文出版社，2010：53-55.

给人家，很紧张，精神压力很大。"为了解决技术问题，美的到处寻找技术高手，最直接的渠道就是"到广州的国有企业请技术人员，请他们利用晚上、星期天偷偷摸摸地干"，这些工程师后来在美的被戏称为"星期天工程师""晚上技术员"。[○]除此之外，美的还寻求与境外商人合作。1989年9月，美的与香港兴伟制冷厂、香港西达有限公司成立"顺德美威空调设备厂"，主要就是希望境外商人能够带来美的没有的技术。

向员工借钱解决资金困难问题。1986年，美的两大业务中，电风扇因市场恶性竞争出现产品积压，刚刚上马一年的空调因为技术问题迟迟无法量产。美的的资金链出现了严重问题，而当时的融资环境又让美的这样的乡镇企业很难从外部筹集到资金，于是美的向内部员工发起集资，按当时银行利率1分息给员工计算回报，最终筹资120万元，解了企业燃眉之急。

（3）美的"人才观"的进化：从"星期天工程师"到培养自己的人。

从1968年成立北滘街办塑料生产组开始，何享健虽然重视技术，但因为当时企业吸引力的限制，很难引进高技术人才加入美的。很长一段时间，美的一直依靠"挖国营企业墙角""偷偷干"的方式，大量使用"星期天工程师""晚上技术员"来解决美的的技术不足。

到了1985年上马空调后，美的起初仍然采用外聘工程师的做法，在长达四年的时间里，一直无法解决空调的量产问题。何享健认识到

○ 陈润.生活可以更美的［M］.北京：华文出版社，2010：39-41.

遏制美的空调发展的根本原因在于人才瓶颈，生产空调的技术问题仅靠兼职工程师的零碎时间是无法克服的。于是，1988年，美的引入了原华凌空调总工程师就任空调设备厂副厂长。

1991年，美的更是打破过去的做法，许以重金在全社会公开招聘人才，并且取得了立竿见影的成效。一个典型的例子是：一位叫马军的热能工程博士放弃留校任教的机会来到美的，仅3个月时间就设计出一款高效节能空调，当年给美的带来1亿元的订单。马军月薪从600元升至2000多元，年底还拿到了14 000元奖金。这在当时成为轰动事件在之后的两三年内，大量年轻人为美的的政策所吸引，后来成为美的高管的方洪波等，都是这期间加入的美的。这批受过正规高等教育的学生兵的到来及其成长，为以后美的人力资源"学生兵"政策提供了方向。

应该说，美的这一时期广纳贤才的政策，为美的以后的发展打下了坚实的人力资源基础。

（4）创始人何享健的领导力：超级实用主义。

每个企业创业的成功，都离不开创始人特有的能力，美的也是如此。创始人何享健在创业过程中表现出来的不凡的创业精神和非凡的领导力，是美的创业成功的关键。这期间，何享健表现出的领导特质包括：

在商言商的超级实用主义。从对港澳市场产品的模仿，到"借力发展"的"星期天工程师"，再到"借船出海"的境外市场策略、"借鸡下蛋"进入空调领域，这些"不为所有，但求所用"的做法，无不体现何享健的务实主义，只要能打下市场、创造利润，"一切方式皆有可能"。

在"跟风"中辨识大势。何享健并不是一开始就能捕捉大势，而是从"跟风"开始，但何享健又不是简单地"跟风"，而是想办法辨识大势。最简单的方式就是到我国港澳地区和发达国家去看。在刚刚打开国门的20世纪80年代，这种做法是非常有眼光的。经济比内地领先20～30年的我国港澳地区、日本，无疑在一定程度上代表着消费的未来。正因为如此，1980年，在电风扇还是家庭"奢侈品"的年代，何享健敢于带领美的开始了电风扇制造；当很多同行还在利用风扇赚钱时，何享健力排众议进入投入巨大、尚属"奢侈品"的空调行业。

朴素的经营意识和市场观。经历了长期市场磨砺的何享健，有着"一枝独秀不是春"的深刻体验。正是这种朴素的思想，使得美的在做风扇的同时毅然决然地进入空调业务，这也是美的后来长期坚持的"适度多元化下的专业化战略"的雏形。从市场中摸爬滚打出来的何享健，对市场有着超乎寻常的重视。创业期间，他大部分时间泡在市场，以便于看到好的机会快速反应，并且派出大量的业务人员。为了快速反馈市场信息，美的1985年就给主要业务人员配了电话，1990年就使用了手机，这种做法在当时的中国企业中，近乎奢侈。

（5）美的创业期经营管理要点总结。

第一，如果说1980年的美的是按照小企业的逻辑在经营，1980年之后的美的则转入大企业的经营逻辑之中。大企业经营逻辑的起点是大市场。进入家电领域，标志着美的进入大市场的海洋，开启了大企业的航程。

第二，美的进入的家电领域，虽然一开始就进入了竞争近乎惨烈的红海，但不得不承认，家电行业在当时正处于成长期，是大风口。事实上，每一个成为风口的行业，早期都会有成百上千的创业者涌进来，风口中的企业也要经过市场的大浪淘沙。

第三，资源不足是创业期不得不面对的问题。美的的解决方案是"借势"，利用一切可能去借助外力。除了理想和目标是自己的，其他一切都是可以从别人那儿借来的，这种思维对创业成功尤为重要。

第四，归根到底，还是要有人，要建立自己的队伍。要突破地域限制，在全国范围内找人。要突破经验限制，多找高素质的年轻人。在当时的顺德企业中，美的的人才观是最先进的。这是美的超越其他顺德企业的主要原因。

第五，创始人的领导力是创业企业最重要的资源。在美的，体现在何享健身上，表现为在商言商的超级务实主义和永不满足现状的追求。

机会成长期（1993～1996年）：抓住历史性机遇

1993年至1996年的几年间，美的得益于改革开放以来第一次消费升级带来的巨大风口和成功改制上市带来的活力，以近乎野蛮的方式高速增长，销售收入从1992年的4.87亿元上升到1996年的25亿元，产品品种也达到五大类，近200多种。

（1）成功上市：美的的历史性机遇。

1990 年 12 月，两家证券交易所先后在深圳和上海成立，上市交易作为一个新生事物出现在中国企业面前。在很多企业还心生疑虑的时候，美的于 1992 年年初发起股份制改革，发行员工内部股，鼓励员工购买公司股票。改制后的美的股权结构中，北滘镇经济发展总公司占股 44.26%，为第一大股东，内部职工占股 22.5%，当时的员工根据工龄可以购买 4000 ～ 10 000 股原始股，作为公司的总经理，何享健购买 10 万股，占 0.12%。⊖

1993 年 11 月 12 日，"粤美的 A"在深交所挂牌，成为中国第一家乡镇企业改制的上市公司。成功上市不仅极大地激励了企业家、股东和员工，打开了美的的融资通道，更重要的是以后美的可以完全按照市场的思维模式去管理和经营公司。

1995 年，按照"市场的思维模式去管理经营公司"的美的，进一步推出"年薪制"薪酬体系。按照当年的年薪制度，业绩好的管理人员可以最高拿到 20 万元年薪，这在当年几乎是天价的薪酬制度，极大地刺激了美的干部员工的热情。

（2）上市之后近乎疯狂的扩张。

上市带来的机制释放，使美的内部干部员工的积极性空前高涨，极大地释放了美的上下的活力。美的在业务上也迅速扩张。

⊖ "粤美的 A" 1993 年年度报告。

在品类方面，扩张日用小家电的种类。除了电扇以外，1993年美的与日本三洋合作，进入电饭煲领域；之后又进入厨具领域。[一]

在产业链纵向扩张上，在核心元部件领域加大投资。1992年，与日本芝浦电机制作所、细田贸易株式会社合作，成立"顺德威灵电机制造有限公司"，生产RP塑封微型电机。

在营销领域，构建起基于全国的销售网络。美的于1992年、1995年聘请当红明星巩俐为形象代言人，短短几年内美的的知名度获得极大提高。[二][三]

在生产领域，1993年建成总投资5.2亿元的工业基地，成为国内设备和技术最先进、生产规模最大的空调制造基地。

在管理能力建设上，1996年开始实施MRP系统、办公自动化系统，通过运用现代化的技术手段，提升管理能力，为企业高效运作提供了条件。

在这几年里，美的迅速把盘子做大，主营业务收入由1992年的4.87亿元飞速增长到1996年的25亿元。

（3）机会成长期美的经营管理要点总结。

第一，大企业是由大机会造就的，美的1992年至1996年的高速发展，首先还是基于巨大的市场机会。《空调商情》所统计的历史资料显

[一] "粤美的A" 1993年年度报告。

[二] 美的集团展厅资料。

[三] 胡晓阳，张洪.美的制造［M］.深圳：海天出版社，2009：6.

示，1980 年，我国所有空调企业的生产量仅有 1.32 万台，10 年之后即 1990 年，产量提升到了 20 万台。1992 年之后，市场需求空间快速扩张，1992 年国内市场的销售量首次突破了 100 万台，1993 年达到了 200 万台以上，到 1996 年的时候，内销市场的空调产品销售量超过了 600 万台。

第二，在市场爆发的时候，企业首先要解决的是治理机制问题，要能够为响应市场机会调动必要的资源。1992 年的改制和 1993 年的上市，无疑为美的的快速扩张提供了机制条件。

第三，在机会成长期，企业通常优先发展的是市场能力，而美的这一时期在销售网络、品牌打造上可谓是成功的。

第四，快速扩张需要克服关键资源的限制，美的 1991 ～ 1992 年对人才大规模引进、1992 ～ 1993 年建设制造基地，都是在为美的本阶段的快速扩张创造资源条件。

第五，为抓住关键性市场机会，需激发团队动力。高目标、高激励模式在此时期已开始显现出强大作用。

系统成长期（1997 ～ 2002 年）：无意中的分权式组织先驱

1997 ～ 2002 年，为了与多品类的业务相适应，美的对公司组织结构进行了事业部改造，并围绕事业部的组织形式改进了利益与控制体系。这一调整重新把美的推上增长的快车道，销售收入从 1997 年的 20 亿元增长到 2002 年的 108 亿元，规模上实现了向百亿级的跨越。同时，在此期间，产品品类上向商用空调、微波炉、饮水机、洗碗机等领域扩张，产业链上向空调压缩机、洗衣机电机、微波炉磁控管、微波炉变压器、物流领域延伸。

（1）建立起基本组织制度：组织结构的事业部制改造。

美的上市之后，一方面进行大规模扩张，至1996年美的已经有五大类200多种产品；另一方面，美的在组织上仍然采用集权式管理体制，统一销售、统一生产。集权式的组织模式在多品种产品下，越来越显得呆板僵硬、反应迟缓，员工积极性受挫。1997年，美的罕见地出现业绩下滑，销售收入从1996年的25亿元减少至不足22亿元，市场竞争力也同步下滑，空调业务从行业前三下滑至第七。○

1997年，何享健推动美的进行了大刀阔斧的事业部改造，以产品为中心将公司划分成五个事业部：风扇事业部、电机事业部、空调事业部、厨具事业部和压缩机事业部（如图7-5所示）。○

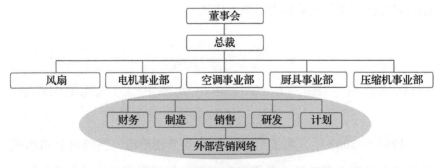

图7-5　1997年美的事业部改造

总部将利润的责任下放，事业部成为利润中心，各事业部下属工厂以成本为中心，对研产销及行政人事负有统一领导职能。各个事业

　○　陈润.生活可以更美的［M］.北京：华文出版社，2010：123-125.
　○　陈润.生活可以更美的［M］.北京：华文出版社，2010：127-132.

部拥有市场、计划、服务、财务、经营管理等五大职能，独立经营、独立核算，在事业部内部，完全是以市场为龙头的组织架构。总部成为集战略规划、投资决策、资本经营和资金财务、人力资源管理等职能于一体的投资、监控和服务中心，摆脱了平衡各部门利益的纠缠，从而有条件站在战略与整体的高度进行决策。

通过事业部改造，美的形成了"集权有道、分权有序、授权有章、用权有度"的内部授权模式，职业经理人逐步成为主导企业经营的中坚力量。

（2）建立与事业部结构相匹配的内控体系。

在建立与事业部体制匹配的分授权体系和控制体系时，何享健提出了"集权有道、分权有序、授权有章、用权有度"的思想，并在此指导下，形成了"一个结合、十个放开、四个强化、七个管住"的内控体系。[⊖]

一个结合。与责权利相统一的集权和分权相结合。各事业部为利润中心，总部成为监督控制中心，责任与权力在此基础上进行划分，多大责任匹配多大的权力。

十个放开。机构设置权、基层干部考核任免权、劳动用工权、专业技术人员聘用权、员工分配权、预算内和标准内费用开支权、计划内生产性投资项目实施权、生产组织权、采购权和销售权 10 项基础权

⊖ 郭洪业.美的：转型创造价值［J］.董事会，2010（3）.

力下放，放权的重点是人事和分配权，各事业部第一责任人可以自行组阁，自行决定事业部内公司分配方案。

四个强化。强化预算管理、强化考核、强化审计监督、强化服务。建立起有力的计划预算体系，年度、季度、月度严格开展，每月召开预算与经营分析会，对各项经营指标完成情况进行分析，对费用进行控制；在计划预算的基础上与各单位签订3年的经营目标责任书，明确各经营单位的义务和责任，并制定目标考核奖惩办法。

七个管住。管住目标、管住资金、管住资产、管住投资、管住发展战略、管住政策、管住事业部总经理和财务负责人。事业部的年度计划、投资项目、资金结算、总经理和财务负责人的任免由集团总部决定，以此保证各事业部经营决策不偏离整体方向和发展战略。

值得注意的是美的的分权体系。施行事业部体制之后，美的每年会制定详细的《分权手册》。集团总部只有财务、预算、投资以及任免中高层管理者的权力；事业部高度自治，可以自行管理研产销所有环节及服务支持部门，事业部可以自行组阁（一旦经营业绩不佳，也要一起引咎辞职）。不管分权制度如何开放，美的重要的决策权依然留在总部，何享健牢牢掌控这个核心，比如美的所有的投资权在总部集中控制，由战略管理部门负责。事业部总经理可以决定1000万元的营销计划，但他连10万元的投资项目都不能擅自决定，不属于事业部层面的权限，再小他也不能独自做主。

（3）建立与事业部体制相匹配的利益机制：从模拟股份制到经理层收购。

1997 年在事业部体制开始运行时，美的推出与之相匹配的"模拟股份制"，探索如何激励公司和事业部高管的问题。模拟股份就是让某些高管在名义上持有一定股份，"持股人"可以按比例分红，但股份无法在二级市场上流通兑现。模拟股份制巧妙地解决了企业卖不掉、分不得的矛盾，实现了公司要员参与公司决策、分享公司利益的目的。这种方式用较小的代价，强化了对经营者和员工的激励与约束。

2000 年 4 月，美的迎来了公司治理机制的又一次飞跃。何享健等 22 名经理人和工会共同出资 1036.87 万元成立顺德市美托投资有限公司，其中管理层人员持股 78%，工会占 22%，工会这部分主要用于将来符合条件的人新持或增持。之后经过几次股权转让，由何享健等经理人控制的美托投资于 2001 年 1 月成为上市公司美的电器的第一大股东。[⊖]这标志着美的完成了第二次企业产权改革即管理层收购，使企业进入全面市场化的良性轨道。

经过这轮机制变革，美的集团的激励机制被划分为三个层次，除了高层人员在美托公司持股外，另外的管理人员在公司旗下的事业部持股，这一层次有 200 余人，事业部中员工持股占事业部总股本最低 10%，最高达 40%。

（4）人员结构大调整：大量启用年轻人。

在美的的事业部改造中，遇到两个问题：一是缺干部，从统一生产、统一销售的集中管控体制，转变为五大事业部并存的分权体制，干部队伍一下子出现短缺；二是很多老员工不能适应新的要求，严重

⊖ 谭开强.美的传奇［M］.北京：新世界出版社，2009：45-46.

干扰事业部体制的施行。

针对第一个问题，何享健给出的说法是："对人有五成把握就可以用，不要等百分之百合格了才任用，要边观察、边培养、先提拔、再考核。"在这一原则指导下，大量的年轻干部被提到事业部管理者层面。

针对第二个问题，何享健的说法是："美的成功的两大关键，一是开放用人，二是科学管理。70年代我们用北滘人，80年代我们用顺德人，90年代我们用全国各地的人，21世纪我们用全世界的优秀人才。"[一]"美的要发展，我们99%用外地人，而不是顺德人，是企业的需要，是发展的需要。"[二]在何享健的推动下，美的的销售体系得以重建。1997年，美的空调事业部招收了19批近300名大学生进入销售体系，50多位销售元老被换掉，改变了原销售体系的核心骨干90%左右是顺德人的局面，打破了旧有的山头。

（5）营销体系变革：渠道扁平化与多元化改造。

美的初期的分销模式采用"大户制"，以总代理或批发大户为中心，再发展二级、三级，采用层层推进的模式。[三]"大户制"分销模式使产品从厂家到消费者手中所流经的环节过长，产品经过层层加价后，到消费者手上时价格已经过高。同一个市场区域，"大户"多头供货也导致窜货屡禁不止。产品价格不稳定，零售商利益受到损害。此外，一旦厂家推出新品或新销售政策，整个渠道的反应速度和执行程度难以保证。

[一] 彭剑锋.第三条道路：美的的成功与挑战［J］.销售与管理，2007（9）.
[二] 黄治国.静水深流：何享健的千亿历程［M］.广州：广东经济出版社，2008：76.
[三] 杨华.美的，美的制造［M］.广州：广东经济出版社，2017：61-68.

为解决以上问题，提升渠道管理水平，美的在1998年对营销渠道做了升级和调整，提出了全国营销渠道要推行"扁平化结构"和对市场"精耕细作"的要求，并着手对全国各区域、各省乃至地市市场的客户网络进行全面梳理和优化整合。空调事业部将"大户"模式改为省内分区域代理模式。家用电器事业部在一级客户比较重叠的省份，将不能够适应新形势的大户调整为二级客户。美的整个营销体系将经营和渠道管理的中心下移，从省会、经济发达的大中型城市逐步向地市、县镇一级市场推进，重视零售网络布局和零售终端建设。这些措施帮助美的提高了对渠道的控制力，提高了对市场的反应速度。⊖"大市场，细耕作"成为唱响于美的空调等事业部营销体系的主旋律。

　　此外，美的营销体系还推出另外几个重要措施：实行客户编码，建立详细的渠道数据库，对代理/零售商实行统一编码制度；实行货源流动编码制，严格按照货源分区域销售，严控窜货；实行三方协议制，由美的牵头，在充分尊重各方意见的基础上，遵循下游零售商选择上游代理/批发商的原则，美的、代理/批发商、零售商签订三方协议，保证零售商的权益。在这些措施的基础上，1999年，美的开始在销售渠道中实施了信息化，逐步建立起基于ERP系统的完整的内联网信息系统，这套系统可以及时反馈渠道销售和账务往来情况，为营销决策提供了数据依据。⊖

　　大约从1998年开始，美的空调营销公司开始倡导体系营销，重视

　⊖　施炜，等.美的集团营销体系变革咨询方案，1998；谭开强.美的传奇［M］.北京：新世界出版社，2009：106-107.
　⊖　谭开强.美的传奇［M］.北京：新世界出版社，2009：107-108.

团队建设和组织建设，导入流程化、规范化运作模式，改变业务人员个人单枪匹马开发市场的游击状况。这是美的营销体系从游击队变为正规军的先声和标志。

（6）事业部体制下业务再扩张：挡不住的扩张。

事业部体制让美的以化整为零的方式打破了企业成长规模的边界，在经历了事业部改造之后，美的整个组织重新焕发出活力，迎来1998年开始的井喷式增长。1998年，美的空调产销100多万台，增长80%；风扇产销1000多万台，居行业第一；电饭煲产销也居行业首位；总销售收入在1998～2000年，分别达到36亿元、58亿元和88亿元，相比上年增长率分别为64%、61%和51%；2001年，更是突破百亿大关，达到105亿元。

高增长的背后是业务的扩张，在这期间美的的产品线继续扩大，1999年进入商用空调、微波炉、饮水机等产品领域，2000年与意大利梅洛尼合作，进入洗碗机领域。

同时，在产业链上也进行了纵向一体化扩张。1998年，美的收购安徽芜湖丽光空调厂，为美的挺近华东辐射全国建立了重要的生产根据地[⊖]；同年，从万家乐集团收购了东芝万家乐制冷设备有限公司和东芝万家乐电机有限公司40%的股权，随后又受让日本东芝在两家企业各20%的股份，成功进入空调压缩机领域，构建了一条向纵深发展的空调产业链条；2001年，收购日本三洋磁控管工厂，进入微波炉核心部件磁控管领域，构建美的第二条产业链；随后，美的又实现变压器

⊖ 胡晓阳，张洪. 美的制造［M］. 深圳：海天出版社，2009：12-13.

的生产，延伸微波炉配套的产业链条；2000 年 1 月，美的投资的安得物流成立，标志着美的正式进入家电物流领域。

（7）事业部体制的修正：解决小企业病。

2002 年，在顺利推行事业部制的 5 年之后，美的再次出现增长停滞，当年的销售收入不足 109 亿元，仅仅比上年增长 3%，而利润则下滑了近 60%。这次下滑的主要原因在于 1997 年推出事业部体制之后，美的急剧扩张，到 2002 年的时候美的集团已经涌现出将近 10 个事业部，其中规模大、效益好的事业部的销售收入已经超过 1996 年整个集团的总收入，规模扩大的弊端开始在这些大的事业部内部显现：急功近利、机构臃肿、效率下降……另外，美的又表现出与之相反的"小企业病"症状，资源缺乏整合、相互脱节，等等。

经过内部大讨论，何享健认为美的当时问题的关键在于"小企业病"。美的没有像全球领先的大企业那样重视专业化、资源整合等内部管理问题，不仅规模上够不上一个"大企业"，而且没有一个大企业应有的远大目光，行为风格反而更像是一个畏首畏尾的小公司。[一]

经过反省，美的进行了深化事业部制的第二次改革，提出了包括"管理结构、经营结构、市场结构、区域结构"在内的四个调整[二]，明确美的的当务之急是控制扩张欲望，扩张要建立在有目的、有步骤、有方向的基础上，不能过分追求增长率、市场占有率和市场地位，要追求利润。

　㊀ 朱月容.何享健谈美的战略［M］.杭州：浙江人民出版社，2008：153.
　㊁ 黄治国.静水深流：何享健的千亿历程［M］.广州：广东经济出版社，2018：12.

美的这次事业部制二次改革的要点为：[⊖]

第一，实行大小家电分治模式，在事业部之上设两个二级集团——制冷集团（大家电部分）、日用家电集团（小家电业务）。

第二，股份公司总部被精简为行政管理部、财务部、投资企划部、法务审计部和市场部五块，人员净减25%。

第三，制冷集团下设中央空调事业部、家用空调国内事业部、冰箱事业部、美芝合资公司、空调电机事业部。

第四，日用家电集团下设生活电器事业部、微波电器事业部、环境电器事业部和厨卫事业部。

这次变革中，各项业务的日常经营事务和权力依然交给事业部经理负责，总部只通过利润、销售规模增长和现金流三大指标来监控、考核。

（8）美的系统成长期经营管理要点总结。

第一，系统成长的关键是选择与业务结构相适应的、集分权适度的组织体制。业务的相对多元化要求美的必须采用分权的组织结构。事业部改制之前业绩下滑的主要原因是组织与业务的不适应，而2002年业绩放缓的主要原因是组织结构的分散性超过了业务的整体性。

第二，分权体制的良好运行需要与之匹配的管控、文化和经理人队伍。用何享健的话就是，"企业越大，老板越要管得住自己，要超脱。分权后老板要通过每天现金流，以及审计、人力资源评估等核心指标体系、监管体系去掌控企业。"[⊜] "一是要有一支高素质的经理人

⊖ 胡晓阳，张洪. 美的制造 [M]. 深圳：海天出版社，2009：14-17.

⊜ 陈润. 生活可以更美的 [M]. 北京：华文出版社，2010：132.

队伍，能够独当一面；二是对企业文化认同；三是企业原有的制度比较健全、规范；四是监督机制非常强势。具备了这些条件，就不用怕分权。"⊖

第三，美的在这一阶段基本形成了"高授权＋高绩效＋高回报"文化。何享健继解决"分钱"问题后又解决了"分权"问题。自此，何氏领导力中，胸怀成为最显著的标志。

分蘖成长期（2003～2011年）：
多元化扩张，全面进军白色家电

2002年事业部二次改革之后，美的再次取得跳跃式发展，其销售收入在2002年109亿元的基础上，2003年实现137亿元，增长率超过27%；2004年更是增长近40%，达192亿元；到2009年，美的销售收入已达473亿元。规模增长的背后是业务的扩张，这期间除了继续在日用小家电和空调领域扩张之外，美的还在2003年并购华凌集团、2004年重组荣事达集团，正式进入冰洗领域，其间美的还尝试进入汽车等非相关领域。

（1）家电业务相关多元化：进入冰洗领域和中央空调领域。

2003年之后，美的开始突破原有的业务边界，不仅在家电领域进行扩张，还尝试进入汽车等非相关领域。

收购荣事达，在冰洗领域扩张。2004年5月，美的接手荣事达和

⊖　柴文静.美的组织微雕术［J］.21世纪商业评论,2007（6）.

美泰克合资公司 50.5% 的股权[⊖]，此后通过增资，其持股份额达 75%，进入洗衣机领域，而 2005 年荣事达在洗衣机和电冰箱领域的市场占有率分别位居第 3 位和第 8 位；2008 年 12 月，美的受让合肥荣事达洗衣设备制造有限公司 25% 的股权，交易完成后，美的拥有荣事达 100% 的股权，实现了对荣事达的全资控股。

收购华凌[⊜]，扩大冰箱领域战果。2004 年 11 月，美的以 2.35 亿港元的价格收购华凌集团 42.4% 的股份，成为华凌集团的第一大股东，进入冰箱领域。2004 年华凌集团的中报显示，其冰箱销量为 54 万台，营业收入 36.55 亿港元。收购华凌之后，美的不仅得到了后者 80 万台的产能，使美的的冰箱产能达到 200 万台，更重要的是，获得了华凌 18 年做冰箱的经验。

收购小天鹅，洗衣机领域持续扩张。2008 年 2 月，美的受让无锡小天鹅 24.01% 的股权[⊜]，加上之前获得的部分，共计拥有小天鹅 28.94% 的股份，成为小天鹅的控股股东，此时的小天鹅滚筒洗衣机销量位于行业第 9 名。一年后，小天鹅行业销量排名上升至第 4。

通过在冰洗领域一系列的收并购，至 2008 年，美的已经从原来的单一产品品牌成为涵盖数十种产品的白色家电综合品牌，同时不断进行产业链的延伸，深入产品核心技术领域。

这期间，美的还尝试了在大型空调领域的扩张。2004 年 7 月，美

　⊖　朱月容.何享健谈美的战略［M］.杭州：浙江人民出版社，2008：126-130.
　⊜　同上。
　⊜　同上。

的与重庆通用机械集团共同组建"重庆美的通用中央空调设备公司"，中央空调厂与5年前正式进入商用空调即中型中央空调领域相呼应，进入大型中央空调领域；2008年，美的中央空调收入已达53亿元，占总空调业务的15%。

（2）投资汽车：非相关多元化尝试遭遇挫折。

2003年起，家电业进入低增长时代，行业整体平均增长率从过去的30%降低到10%左右，尤其是白电增长率只有4%～5%。看到汽车业呈现蓬勃发展的势头，众多家电企业纷纷进入汽车产业，美的也加入了进军汽车行业的行列。

2003年8月，美的集团与云南省政府启动"云南美的汽车整合项目"，内容包括美的将在5年内总投资20亿元人民币对云南省汽车产业进行整合；同年10月，美的又宣布收购湖南三湘客车，计划以此为基础在长沙建立客车生产基地。

2004～2006年，美的先后收购了云南客车厂、湖南三湘客车和云南航天神州汽车有限公司，雄心勃勃地计划在3～5年内进入国内客车行业前三，将汽车行业打造为美的继家电之后又一支柱产业。

但美的的汽车产业计划并不顺利。美的收购三家客车企业时，本打算像并购华凌、荣事达等家电企业那样精简机构，通过建立一支强势营销队伍来做大汽车产业，但跨产业整合与变革远比同一行业整合困难得多。这些客车企业管理机构臃肿、盈利恶化的状况在美的手里并没有改观，其中，三湘客车于2008年年底全面停产，美的集团

2009 年 7 月 25 日与比亚迪签署协议，以 6000 万元的价格把旗下美的三湘客车厂 100% 的股权出售给比亚迪。

（3）全国性生产基地布局：追求规模经济，生产基地多地开花。

早在 1998 年收购丽光空调后，美的就启动了芜湖生产基地的建设，到 2003 年，芜湖生产基地已经成为以空调为龙头，包括电机、控制器、塑料件、钣金件等除压缩机以外几乎所有零部件配套的空调产业链。2003 ~ 2008 年，美的芜湖生产基地进一步丰富，建立起日用家电生产基地，主要生产洗涤电器、生活电器和整体厨卫电器等。2008 年，芜湖生产基地的年产值已超过 100 亿元。

2004 年 2 月，美的启动华中武汉生产基地的建设；同年 8 月，重庆美的工业园破土动工；2007 年，总占地 850 亩[⊖]的合肥美的冰洗产业园竣工，成为美的旗下双桶洗衣机、全自动洗衣机、滚筒洗衣机、干衣机、冰箱、冰柜六大类冰洗产品的主要生产基地之一。

经过一系列生产基地的建设，美的形成了以顺德为战略决策中心、各生产基地为成本中心的多层级经营格局。

（4）国际化第二季：制造基地国际化。

国际化方面，美的继续巩固欧美主要客户，同时在中东、拉美开辟新兴市场，在发达国家还是以 OEM 为主，在新兴市场国家则发展自有品牌。"美的并购目标锁定在并购成本不高、增长潜力空间大、具备

⊖ 1 亩 = 666.667 平方米。

庞大市场辐射力的东南亚、中东非、巴西、印度、俄罗斯等新兴市场。按照美的的计划,加大在成本较低的发展中国家的投资,在那里建立生产基地,让美的实现生产制造的全球化,是切实可行的一步。"

2006年3月,美的第一个境外投资建厂项目——美的(越南)工业园奠基,该项目的目标是:立足越南,辐射整个东南亚市场,主要生产电饭煲、电磁炉、电水壶等小家电产品;2009年,美的越南工业园正式投产,具备了年产500万~800万台小家电制造能力;2007年,美的越南空调基地在胡志明市的平阳启动,该项目计划三年内完成,产能150万台。

2006年12月,美的环境事业部与泰国蓝星马达股份有限公司、泰华电子股份有限公司签约,三方在泰国的电风扇合作生产项目进入实施阶段,合作工厂以美的的OEM工厂形式存在,这种合作模式为海外经验不足的美的降低了风险,在国际化战略中起到了"四两拨千斤"的作用。

同是在2006年12月,美的与俄罗斯列宁格勒州政府签订合作协议,在当地投资设厂。

2008年,美的进一步有计划、有步骤、有目标地推动全球化战略,并将当年确定为美的的"全球化年"。何享健给美的全球化的解释为:第一是制造基地的国际化;第二是品牌国际化,瞄准合适的时机推自己的品牌;第三是市场的国际化,全球营销;第四是要与国际化的大公司、大资本合作,技术、资金、市场的合作;第五是管理的国际化,提高整体竞争能力。⊖

⊖ 陈润.生活可以更美的 [M].北京:华文出版社,2010:221.

（5）"放"中有"控"：持续强化以财务为中心的内控平台。

何享健曾经说："我不需要管企业的具体事务，但是我每天都要看财务报表。"[一]

美的的财务系统在美的事业部体制中扮演着极其重要的角色。2002年6月正式启动财务分析系统，这套系统得到美的集团、美的电器和事业部各个层面的高度重视。财务分析系统按照财务管理的需要，将美的各经营单位的ERP系统、出纳系统等方面的数据引入数据仓库，经过必要的清洗转换以后快速生成财务管理所需要的报表和分析报表。这套系统的实施大大提高了美的财务的运作效率和质量。一个明显的改变是，2003年美的电器会计报表的送达时间从每月的15日提前到每月的10日，而非综合性财务数据的生成时间从几小时缩短到几分钟。[二]

2005年，美的集团启动"全面预算管理提升项目"。立项的原因是"集团成长迅速，结构日趋复杂，管理难度加大，管理要求不断提高"。美的希望通过改善"全面预算管理"，改变"预算管理理念先进、手段落后的现状"，通过全面梳理、优化预算体系和流程，规范预算标准，使现有的预算体系更系统、更完整、更规范、更客观、更严谨，并实现预算管理信息化。[三]

2006年，何享健认识到，大规模收并购需要坚持进一步放权经营模式与体制，前提是必须"进一步强化财务、审计、IT整体或局部的

　㊀ 黄治国.静水深流：何享健的千亿历程［M］.广州：广东经济出版社，2008：149.
　㊁ 朱月容.何享健谈美的战略［M］.杭州：浙江人民出版社，2008：80-81.
　㊂ 朱月容.何享健谈美的战略［M］.杭州：浙江人民出版社，2008：84-85.

一体化管理，加强财务、预算、资金、审计、监察和IT信息等各项管理，不断完善组织人事调整后的各项制度与流程"。[⊖]

2007年，美的引入咨询公司，开展内控项目，规范制度和流程，提升内部管理，支持美的集团管控模式的转型，帮助集团对二级平台、二级平台下属经营单位更好地实现管理与监控；帮助美的各经营单位实现规范化运作，提升管理效率，规避经营风险。

美的的内控项目用了两年时间，大致分了三个阶段完成。2007年6～9月为规划阶段，对美的集团风险管理进行了充分评估，规划出了美的集团内控体系框架；2007年9月～2008年7月为试点实施阶段，选择合适单位进行试点，在试点中建立内控体系模板；2008年8月～2009年5月为全面推广阶段。经过两年的努力，美的建立起涵盖所有运营环节的内控体系。

强化财务风险管控作为风险预警工具是美的内控的特色之一，财务管理是经营的主线。美的的高管人员可以通过财务系统对企业经营状况实施监控，及时发现经营风险，并解决经营中存在的问题。

美的还建立了二级审计制度，在公司设立审计部，事业部设立审计科或专职审计员，以强化经济活动的审计监督。各事业部的目标责任完成情况必须经公司企划部初审、审计部审计，最后由审计委员会确认。同时公司设立监察委员会和监察室，对违规违纪行为进行预防、查处，对敏感岗位加强监控。

⊖　朱月容.何享健谈美的战略［M］.杭州：浙江人民出版社，2008：12-13.

（6）事业部结构再整合：强化二级平台。

虽然2003～2005年连续三年高增长，但由于家电行业整体平均增长率从过去的30%降低到10%左右，尤其是白电增长率只有4%～5%，美的的赛马机制和事业部制暴露出一些弊端：组织膨胀、架构庞大、机构臃肿、费用居高不下等。根据美的集团的统计，美的集团管理人员约1万人，每年费用消耗15亿～20亿元，全年出国1600人次，费用约1亿元。

此外，诸如"山头主义""诸侯文化"开始出现，每个事业部几乎都有一套自己的文化，部门之间的沟通出现诸多屏障，各自为政，很难协调。例如，参加一次广交会，要提前几个月开始准备，其间要开一二十次协调会，这在以前是不可想象的。更严重的是，有的事业部要求实力雄厚的经销商百分之百为本部门服务，不能为其他事业部服务。

2006年年初，美的开始谋划新的组织变革，之后美的用两年时间推行了以资源重新整合为目标，以"强化二级平台（若干个事业部的集合，冠名为产业集团）、总部放权、二级平台收权"为主轴的改革：第一，总部向投资控股主体转型，剥离与二级平台相重叠的经营性功能，把更多的权力向二级平台下放；第二，增加二级平台的权力，三级经营单位副职任命权力下放给二级平台；第三，二级平台收权，把分散在事业部层面的研发、营销等职能集中起来，设立公共平台。未来的二级平台要以集团军的姿态作战，在制冷和日用家电两个平台内部先实现资源共享和事业部之间的协同。

组织调整后分设三个二级平台（如图 7-6 所示）：制冷家电集团、日用家电集团、机电装备集团。

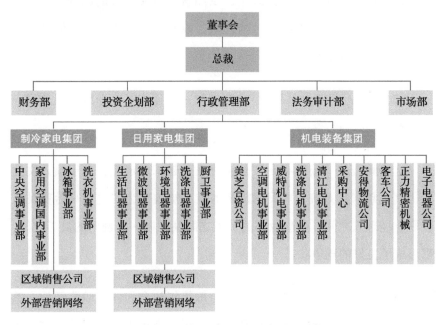

图 7-6 美的事业部制 2006 年变革方案

制冷家电集团下设区域销售公司、中央空调事业部、家用空调国内事业部、洗衣机（荣事达）事业部、冰箱事业部。

日用家电集团下设区域销售公司、生活电器事业部、环境电器事业部、微波电器事业部、洗涤电器事业部、厨卫事业部。

机电装备集团下设美芝合资公司、空调电机事业部、威特机电事业部、洗涤电机事业部、清江电机事业部、采购中心、安得物流公司、客车公司、正力精密机械、电子电器公司。

与以往组织架构调整不同的是，以往美的的组织调整基本上都是采用"分"的思路，要么集团分出二级集团，要么分出更多的事业部，本次组织调整采用"合"的思路，试图解决资源分散的问题。或许是因为思路的变化，本次组织结构调整并没有达到预期目的，资源分散的状况并没有得到有效缓解。

（7）"三高机制"系统化："高绩效＋高压力＋高激励"机制进一步完善。

这期间美的"绩效导向"的企业文化越来越成熟，基于绩效文化的机制也越来越系统化。美的机制的核心被表述为"先相马后赛马"，各职业经理人之间、各事业部的员工之间甚至同一个部门的员工之间，都形成了良好的竞争状态。

为了将绩效文化落到实处，美的每年年初会和各位职业经理人签订当年的绩效考评书，内容包括盈利水平、市场占有率、销售收入等指标，同时规定事业部连续三个季度没有完成目标就要下课。被提上来的干部必须尽快证明自己，基层员工一般只有 3 ～ 6 个月的证明期，事业部总经理的聘期为一年，中间干得不好随时都有可能下课。

高压力的同时，美的也匹配了高激励政策。以 2006 年 11 月 25 日美的发布的股权激励草案为例，该方案中授予高管 5000 万份股票期权，占总股本的 7.93%，行权价格 10.80 元，行权条件为净利润增长率不低于 15%，净资产收益率不低于 12%，分四年行权。方案中激励力度之大，创下当年 A 股市场新高。[⊖]

⊖ 胡晓阳，张洪．美的制造［M］．深圳：海天出版社，2009：94-95．

2006年前后，美的空调区域营销机构进行了体制变革。美的空调总部与当地代理商（部分）、区域市场管理核心团队成员共同组建合资法人销售机构，由美的控股。这样做，一方面是为了容纳原有代理商的利益诉求，使之和美的在一个平台上利出一孔，共同服务下级零售网络；另一方面是为了有效激励和约束区域市场管理核心团队。其他消费品事业部在营销平台整合过程中也跟进采用了这一模式。

（8）美的分蘖成长期经营管理要点总结。

第一，分蘖成长的关键是借助已经形成的核心能力，进入相关业务领域。企业此时需要警惕的是进入的领域过于分散。美的在相关的冰洗领域的扩张是成功的，而在非相关的汽车等领域的扩张则遭遇挫折。

第二，美的在进入新的业务领域时，主要采取的是并购重组的手段。通过并购，迅速获得新业务领域内的品牌、人才、技术等资源，而这些资源在短期内是很难通过自我积累获得的。

第三，为了解决多元扩张的资源分散，美的通过制造基地建设和营销渠道整合以维持在关键能力平台上的规模效应。

第四，在整合制造和营销平台的同时，美的还强化了管控平台，以避免快速扩张带来的系统风险。在这一成长阶段，美的集团总部和产业集团（事业群）的统分平衡点一直在磨合、调适之中。

重构成长期（2012— ）：新老交班再出发

2009年8月，美的电器宣布其67岁的创始人何享健将董事局主席的位置让与总裁方洪波，标志着美的交接班的开始。2012年8月25日，美的集团宣布，70岁的何享健"退位"，方洪波接棒出任美的集团董事长。之后，方洪波对美的的业务和组织进行了大规模重构，不仅对原有的业务进行了大规模的裁撤、重组和升级，还开展了与华为、小米、阿里等企业的跨界合作；力度更大的是，收购库卡，进入工业机器人领域。此期间先后实现了整体上市，营业收入过千亿元、过2000亿元的目标。

（1）接班窗口期，将营销系统整合进行到底。

2009年8月，美的创始人何享健将上市公司美的电器的董事会主席让与方洪波，但何享健仍然保留美的集团董事会主席的职务，这意味着美的还没有实现完全的交接班，而是进入交接班窗口期。

窗口期内，美的集团没有进行大的变革，而是沿着2006年组织变革的方向继续推进。经过多年的事业部制和不断的收购兼并，2006年美的内部资源割据的状态已经比较严重，当时美的推出了基于职能整合的组织变革思路，但进展很不理想。尤其在营销系统，只是完成了区域销售公司的改制，资源整合并不彻底。这期间，在何享健的支持下，方洪波对美的营销系统进行了整合，在整合的过程中，方洪波采取了"分布进行、渐次推进"的做法。

2009年8月，美的制冷家电集团宣布成立中国营销总部，美的空调和冰箱事业部的市场部门被划入制冷家电中国营销总部，意味着美的白电系统的全面整合开始。新成立的制冷家电中国营销总部全面管理此前美的58个区域销售公司，承担监控、协调、指导、服务的功能，但并不具体经营业务，58 个区域销售公司是经营目标的唯一责任主体。

2010 年 7 月，美的集团宣布整合日用家电、生活电器等部门，成立日用家电中国营销总部，其中包括 30 种小家电产品，涵盖了美的集团除冰箱、洗衣机、空调之外的所有品类。

2011 年 4 月，美的日用家电集团整合海外营销体系，将旗下各大事业部的海外营销职能进行统一整合，按区域分别成立国际营销事业部及东盟事业部，将海外市场销售与各个事业部的生产制造分开，突破原来各事业部营销资源较为分散的瓶颈，进行统一管理和资源整合，加强日电集团对外销业务的统筹和支持力度，对海外市场业务进行专业化区域运作，同时在目标区域市场重点推进自有品牌业务。此次整合以客户为导向，希望借此为海外客户提供更高效的沟通渠道，提供更多、更好的产品组合及更优质的服务。

营销变革的同时，美的日电还对部分产品线进行了优化整合。在原精品电器事业部下辖的吸尘器和地面清洁护理产品，环境电器事业部下辖的空气净化器、加湿器和抽湿机等业务基础上，整合成立清洁健康电器事业部，其产品均具有非常大的发展潜力及创新空间。调整后的环境电器事业部下辖风扇、空调扇、塔扇、金属扇，电暖器、油汀、环境系统工程等两季产品，专注于夏、冬两季类产品的发展和升级。

经过这一轮组织变革，美的的组织模式已经从单一的产品事业部制管理模式转变为"产品事业部 + 营销事业部"模式。

（2）正式接班后的断腕式变革。

2012 年 8 月 25 日，方洪波接棒出任美的集团董事长，标志着美的交接班正式完成，此时的方洪波面临三大难题。[⊖]

一是盈利压力。以前美的的盈利主要是通过品类的扩张完成，到 2012 年时，美的已经形成白电领域最丰富的产品线，包括电洗脚盆、电子鞋柜、剃须刀、电动牙刷等，也进入了一些不相关的领域，但 30% 都不盈利。"每个单线产品上，均有一个泰山压顶"，虽然多数产品规模领先，但盈利不高。比如美的总毛利率为 16.69%，而格力则为 22.31%；在空调产品上，格力的毛利率为 22.54%，海尔为 17.79%，而美的只有 17.68%。

二是诸侯分立。美的的 25 个事业部各自独立经营，独立签订合同，犹如 25 个独立王国。有员工形容说，"没来美的之前，看到的是一个美的，进了美的之后，发现无数个美的。"

三是互联网企业的威胁。移动互联网的威胁从黑电领域延伸到空调、冰箱、洗衣机等白电领域，美的已经感觉到现实的压力。

在这种背景下，方洪波在 2012 ～ 2014 年的三年间进行了"壮士断腕"的变革，对业务进行重整，以实现彻底转型。具体来说，就是砍掉跟核心主业无关、效率低下的业务，重新梳理美的的核心价值和业务重心，重塑美的竞争力，也重构再造"新美的"的蓝图和路径。

⊖ 昝慧昉.美的董事长方洪波：如何打通禅让与转型的任督二脉［J］.中国企业家，2014（13）.

具体做法是：

第一，砍掉非核心主业。对非核心业务果断砍掉，一个与主业无关的工业电子厂，年销售额五六亿元，亏损时一年最多亏到6000万元，以前管理层年年都说退出，但每次都没有结果。2013年，方洪波出手后不出半年就将其卖了出去；武汉一个建成不到三年的工厂，厂房设备都是全新的，但跟主业无关，也是毫不犹豫卖掉了。一些不产生效益的土地也转让出去了。

第二，砍掉核心主业的边缘化产品。敦促各大事业部打破过去"绝不主动放弃订单"的传统，砍掉毛利率低的订单，砍掉没有竞争力也没有潜力的产品。半年时间里，美的砍掉了原有产品型号2.2万个中的7000个，停止30余个产品平台的运行，诸如电熨斗、剃须刀等全部退出和关闭。

第三，砍掉非核心主业的同时，把与此相关的人员做了极大精简。三年内，仅管理人员就缩减了1万人，共计减员7万人。

（3）国际化第三季：品牌国际化。

美的创始人何享健曾经将美的的国际化进程描述为三步走：第一步是通过与国外企业合作，获得技术，同时获得OEM订单；第二步是制造基地的国际化，在海外设立制造基地和营销公司；第三步是通过收购国际化品牌的方式推出自主品牌，并与国际化的大公司、大资本深度合作。[⊖]经过分蘖成长期建立海外生产基地之后，美的在本阶段开启了国际化的第三步：

⊖ 朱月容.何享健谈美的战略［M］.杭州：浙江人民出版社，2008：101.

2015 年 3 月，国际中央空调巨头开利入股美的中央空调重庆基地；4 月，美的中央空调先后和世界著名企业德国博世公司、日本希克斯公司成立合资公司。

2016 年 3 月，美的花 4.73 亿美元买下东芝白色家电，获得了 40 年东芝品牌的全球授权和超过 5000 项白电技术专利，以及东芝家电在日本、中国、东南亚的市场、渠道和制造基地。这一事件标志着美的追赶战略的成功。GFK、Euromonitor 的数据显示，东芝在日本的洗衣机销售份额为 20%，位居第三；冰箱销售份额为 15.3%，位居第三；微波炉销售份额为 22%，位居第四；吸尘器销售份额为 13.7%，位居第四；电饭煲销售份额为 11.5%，位居第四。

与东芝的合作是美的落实全球经营战略的重要步骤，与东芝的优势互补和协同，将在品牌、技术、渠道及生产制造等方面有力提升美的的全球影响力与综合竞争力。

2016 年 6 月，美的集团与意大利著名中央空调企业 Clivet 正式签署协议，美的集团拟收购 Clivet 80% 的股权。美的收购 Clivet 更重要的意义在于布局其中央空调业务的欧洲市场：首先，获得欧洲知名中央空调品牌，提升在欧洲市场的品牌力，进而提高在其他市场的知名度。其次，获得欧洲市场成熟的中央空调销售渠道。最后，获得成熟完整的大型中央空调产品生产线、技术优势及沉淀。最重要的一点，就是消除海外市场上项目竞争中的品牌壁垒。

2017 年 5 月，美的集团与伊莱克斯集团签订协议，在中国市场建立长期战略合作，共同成立合资公司，为中国消费者引入源自德国的百年高端家电品牌 AEG。

（4）应对互联网来袭："智能家居 + 智能制造"战略，进入工业机器人领域。

2013 年 9 月，美的集团整体上市成功，此时的美的正面临移动互联网带来的跨界袭击，小米、乐视等互联网企业在成功进入黑电领域后，正在酝酿进入白色家电领域。为应对互联网带来的新变化，美的发动了新一轮的转型。

2014 年 3 月，美的集团发布 M-Smart 智慧家居战略，计划未来三年在智能家居研发上投入 150 亿元，围绕空气、水、营养健康、能源四个领域打造智能管家系统，建立美的社区，并推出 M-B0X 美的智能家居盒子。为了加深对互联网的理解，美的先与互联网界企业展开了一系列的强强联合：

2014 年 12 月，美的与小米科技签署战略合作协议，美的向小米科技定向发行 5500 万股股份，小米科技持有美的 1.29% 的股权，双方在智能家居产业链上全面合作。

2016 年 7 月，美的与华为消费者业务签署战略合作协议，双方针对移动智能终端与智能家电的互动，渠道共享及联合营销，芯片、操作系统（OS）及人工智能（AI）领域，智能家居安全领域，数据分享与数据挖掘，品牌合作等方面构建全方位的战略合作关系。

2016 年 9 月，美的集团与阿里巴巴集团在物联网（IoT）领域达成战略合作，共同构建物联网开放平台，实现家电产品连接对话与远程控制。未来美的产品都将接入这一平台，并计划用三年时间将 50% 以上的空调物联网化。

在启动"智能家居"不久后，美的又启动了"智能制造"战略。2015 年的内部大会上，正式明确"以机器人为代表的智能化业务将成为美的的'第二赛道'"。围绕智能制造战略的实施，美的开展了一系列并购活动：

2015 年，美的起步布局机器人业务，成立了专门的机器人部门。

2015 年 8 月，美的与日本安川成立合资公司，进军机器人制造。

2016 年，美的集团通过境外全资子公司 MECCA，以 292 亿元人民币全面要约收购在德国上市的机器人及智能自动化公司 KUKA Aktiengesellschaft（库卡集团）不低于 30% 的股份；2017 年 1 月，美的集团完成要约收购库卡集团股份的交割工作，并已全部支付完毕本次要约收购涉及的款项，交割完成后，美的约持有库卡集团已发行股本的 94.55%。

2017 年 2 月，美的与以色列 Servotronix 公司达成战略合作交易。

2017 年 4 月，美的集团宣布在美国硅谷开设未来科技中心，该中心以人工智能为主要研发方向，计划未来 5 年投入 2.5 亿美元进行研发。

（5）经营模式升级：从营销主导到追求技术领先。

美的一贯以擅长营销著称，在技术研发上一直强调实用主义：先模仿，再通过合作开发的方式向发达企业学习，再到自主研发。

1992年开始，美的先后与日本三洋合作引进模糊逻辑控制电饭煲技术，与日本东芝合作引进分体机空调技术和中央空调技术，与日本芝浦电机合作引入塑封电机生产技术，与意大利梅洛尼合作引进洗碗机技术，通过收购三洋磁控管引入微波炉最关键的磁控管技术，与美国开利合作引入直流变频技术等，通过引进消化吸收再创新、产学研合作、收购兼并、合资合作等多种方式，美的逐步掌握了空调产业链、洗衣机产业链、冰箱产业链、微波炉产业链、小家电产业群和厨房家电产业群的核心技术与关键技术。

2013年"双智战略"启动后，美的加大了研发投入，明确研发投入占销售额不低于3.8%，科技研发人员占管理类总员工比重不低于50%。美的集团在全球8个国家设立了20个研发中心，11个在国内，9个在国外，分别在美国硅谷、日本、新加坡、奥地利等地实现全球协同研发。美的还斥资5亿元建立了中央研究院，致力于研究3年以上的中长期基础性、颠覆性、共性技术。在产品层面，则通过各地生产工厂和研究机构的协同研发，实现应用性的产品创新，以平衡基础性和产品迭代的研发需求，从而形成了以中央研究院为龙头、事业部为核心、经营单位为主体的三级技术研发体系（如图7-7所示）。 ⊖

⊖ 美的展厅资料。

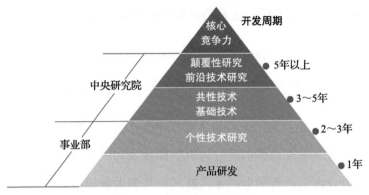

图 7-7　美的四级研发体系

2016 年，美的在中国的专利申请 13 000 多件，授权量近 7000 件，海外的国际专利也在加快申请。科睿唯安（Clarivate Analytics）发布的《2017 全球创新报告》显示，在家电领域，美的 2016 年的发明专利数量居全球第一。

（6）信息化升级：打造数字化美的。

2012 年，美的全面实施"632"项目[⊖]，旨在全面重构美的的信息系统。"632"指的是构建 6 大运营系统、3 大管理平台、2 大门户和集成技术平台，构建统一的端到端流程和统一的主数据管理，全集团投入超过 20 亿元，历经 3 年完成。美的集团"632"战略实施后，到 2015 年，美的基本实现了家用空调、厨房电器等九大事业部，以及安德物流、客服中心等八大平台的 To B 业务的拉通与协同，建立了集团级企业标准和语言。

2015 年，配合"智能家居 + 智能制造"双智战略，美的对内部业

⊖　杨华.美的，美的制造［M］.广州：广东经济出版社，2017：124-131.

务过程进行了数字化升级。美的智能制造战略聚焦交付精准、效率提升、品质改善和数字化透明，其中包括设备自动化、生产透明化、物流智能化、管理移动化、决策数据化五个链条。截至2016年年中，美的智能制造累计投入50亿元，机器人数量达到1500台，发明专利435项，实用新型专利3910项。通过全面实施智能制造战略，美的的自动化率已达61.3%，市场维修率下降到30%，订单交期缩短50%。

除了智能制造，美的还将大数据、移动化、美的云和全球化作为数字化的具体实施措施。其中，在大数据方面，美的构建了包含市场、渠道、生产、研发、售后、消费者等环节在内的研产销一体化闭环驱动，从而实现市场研判、竞争剖析，打造精品、按需生产，品质监控、产品改善，聆听客户、改善服务，用户洞察、提升体验，电商运营、营销策略等。

云计算也是美的数字化战略的一个重要方向。2015年6月，美的组建了云计算团队，旨在通过云计算技术为庞大的消费者群体、生态链上下游合作伙伴及第三方智慧家电制造厂商提供高效、稳定、智能的云服务和云应用，成为美的集团＋互联网持续创新的战略通道，形成计算与网络、存储与数据库、平台服务、运维服务等多种产品和解决方案。

2016年11月，源于美的集团的美云智数成立。美云智数以云计算、大数据为依托，携数据云、智造云、协作云、慧享云、美信云产品群为企业提供全价值链产品解决方案，在近半年的时间里就已经深入玩具娱乐、通信设备、商超零售、服饰生产、家电制造、机器制造、电商、新能源等多个行业和领域。

（7）组织去中心化改造与平台整合。

2015年6月初，美的开始了核心思想为去中心化、去权威化、去科层化的内部组织改造（从一般员工到董事长只有4个层级），并借此构建了7大平台、8大职能和9大事业部为主体脉络的"789"新架构（如图7-8所示）。

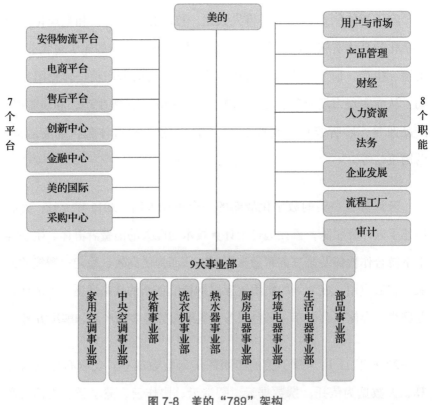

图7-8　美的"789"架构

7个平台是指安得物流平台、电商平台、售后平台、创新中心、金融中心、美的国际和采购中心；8个职能包括用户与市场、产品管理、财经、人力资源、法务、企业发展、流程工厂、审计；9大事业部比较好理解，主要就是指家用空调、中央空调、冰箱、洗衣机、热水器等9个事业部。在这样一个组织架构中，9大事业部是经营中心，"7"和"8"主要体现价值传递职能，对经营中心起到支持、服务和协调的作用。

通过这次组织改造，前端平台人员拥有较大的自主权力和自我判断能力，而后端也越来越尊重前端平台人员的提案和决策。

但"789"架构仍然是过渡性的。2017～2018年，美的进一步明确了三层架构体系，即经营主体、协同平台和职能部门三层架构。其中经营主体又分为两类，首先是集团原有的八大事业部和库卡、东芝，然后是美的国际、中国区域、美云智数、高端品牌等经营单位，两类经营主体的共同点是背KPI指标、向集团上缴利润。第二层架构是四大协同平台，包括安得智联、IoT、美的财务公司和中央研究院，这四大平台可以向下收费，由事业部分摊费用。第三层架构是审计、IT等十大职能部门，除IT之外，全部职能部门加起来只有200多人，目标是成为小而专的服务型部门。

（8）重建核心团队，频繁推出股权激励计划。

2012年，何享健正式交棒给方洪波，同时搭建了以方洪波为核心的高管团队。2013年9月18日，美的集团实现整体上市；之后，高管团队中的7位核心成员因种种原因陆续离开，造成了美的中高层的波动，不少干部也随之离开，方洪波对核心管理团队进行重建，并先后推出了三期《股权激励计划》：⊖

⊖ 数据来源：美的集团股份有限公司2015年、2016年年度报告。

2015 年 3 月，第一期股票期权激励计划向 626 名激励对象授予 9066 万份股票期权。

2015 年 5 月，第二期股权激励计划计划向 639 名激励对象授予 10 870.5 万份股票期权。

2016 年 6 月，第三期股权激励计划计划向 929 名激励对象授予 12 729 万份股票期权。

与此同时，美的还推出了两期《合伙人计划》，通过集团专项基金或自筹资金购买公司股票，用于激励核心团队。具体如下：

2015 年 5 月 7 日至 18 日，第一期持股计划以专项基金及融资自筹资金共 2.3 亿元购入美的股票 648.38 万股。

2016 年 4 月 13 日至 26 日，第二期持股计划专项基金 8050 万元，通过二级市场购买的方式购买了共计 2 583 060 股，购买均价为 30.69 元 / 股。

（9）美的重构成长期经营管理要点总结。

2012 年以来，美的经历了大规模的"重构"。这种重构的力度和深度前所未有，既有业务的重构、组织的重构，也有机制的重构和人员的重构。

首先是业务的重构。美的不仅对原有的业务进行了大规模的裁撤、重组和升级，还开展了与华为、小米、阿里等企业的跨界合作，力度更大的是，收购库卡，进入工业机器人领域。

其次是组织的重构。美的在此期间组织重构的主旋律是"平台整合、放开前端"，除了营销系统的整合之外，还对集团层面的平台和职能进行了重构。但这种重构仍然在进行当中。直到本书即将封稿之时（2008年年底），美的再次进行组织调整：将生活电器事业部与环境电器事业部合并。而半年之前，美的集团已将厨电事业部与热水器事业部合并为厨热事业部。预计在2019年，美的组织变革的方向是：在推进自身变革的同时加速整合，推动合资公司"美的化"，使收购的公司和人员接受美的的价值观和业绩导向，将组织损耗降到最低。

最后是机制的重构和人员的重构。方洪波接班之后，不仅调整了核心高管团队，还在事业部层面引入了大量具有全球化背景的人才，对管理层进行了年轻化改造，提拔了一大批80后干部进入事业部管理层。与此相匹配，还分批推出了股权激励计划和合伙人持股计划。

美的成长全景案例小结：顺势而为的奇迹

美的是一个在平淡无奇中创造奇迹的企业。业务选择上贯彻着朴素和平实的逻辑：哪里热门往哪儿去，风扇市场火的时候做风扇，空调市场起来的时候进入空调行业，汽车行业热的时候去造车，房地产热的时候做房地产……这种逻辑让美的一直在"竞争激烈、利薄如刀刃"的行业里摸爬滚打，也时不时会遭遇失败的挫折。令人惊奇的是，美的一直在捕捉机会，但是没有陷入投机主义。

美的内部组织上同样朴素和平实：因为业务多元化，很难依靠集权的方式管得过来，于是只能采用分权的模式。分权模式天然具有扩张性，扩张过度难免会出现混乱，事实上美的一直在"分与合"中折腾：业务出现停滞，就大力度分权，在"分"的刺激下，业务迅速扩张，扩张的同时，资源出现分散，于是再整合。美的正是在"分—合—分—合"的循环中，实现一轮接一轮的扩张。我们应该看到，美的组织架构的基本特征是"分"。这意味着在相当长的时间内，美的对业务经营效率的注重超过对资源共享效率的注重。近年来，组织正朝分合平衡方向演进。

但是在平淡无奇、朴素和平实之中，又隐含着"大道"：正因为是热点行业，竞争对手如林，使得美的进入的每个行业都是"大市场"，而大市场是企业做大的前提。美的也因此练就了适应高强度竞争环境的文化和能力。大市场以及红海的竞争环境，塑造了美的灵活、机敏、准确、后发制人的经营风格，练就了一批勇猛顽强、能打胜仗的骄兵悍将。同时在组织"分合"的演进中，美的也形成了与分权组织高度一致的分权文化和职业经理人队伍。

如果说单一业务的核心是经营"业务"，那么多元化业务的核心是经营"人"。伴随美的的成长，在用人上不断开放，用创始人何享健的话说就是"60年代用北滘人，70年代用顺德人，80年代用广东人，90年代用中国人，21世纪用世界人"⊖。美的从全国乃至全球招录高素

⊖ 黄治国.静水深流：何享健的千亿历程［M］.广州：广东经济出版社，2018：74.

质的"学生兵"并予以培养重用，是美的成长的重要原因。

美的不仅在用人上开放，在战略思想和战略行动上也很开放。美的虽然是发轫于乡镇的"草根"企业，但在创业阶段便具有宽阔、开放的视野。在成长过程中，美的一直注重汲取外部知识，注重与外部伙伴长期合作，注重双赢和利益平衡。正是全方位开放，使得美的能够大量使用并购的方式获得成长。⊖

美的数十年持续成长的主要动因是组织活力和能量。高目标、高激励、高压力，使美的组织具有极大的内在张力。美的文化以绩效为导向，是高度理性和市场化的；美的相信机制的力量，设计了多种分权机制、分利机制以及内部竞争机制，激发、驱动员工努力攀登业绩高峰。

美的妥善处理新老交接，为中国广大民营企业树立了标杆。美的职业经理人内部长期培养机制以及所有权（控制权）和经营权相分离的治理模式，为中国民营企业治理现代化提供了借鉴。

家电行业有众多的著名企业，它们自 20 世纪 80 年代、90 年代起一直在跑道上旷日持久地赛跑。一开始美的不显山、不露水，低调地跟在领先者的后面。大浪淘沙之后，美的在不知不觉中脱颖而出。纵观美的几十年的发展历程，美的在大的战略布局上总是先人一步，在大的战略选择上从未出错。认清大势，顺势而为；不偏离战略初心，坚持发展导向；无为而治，倡导简单管理；尊重人性，实施有效激励……这些都是美的集团的宝贵经验。

⊖ 方洪波 2017 年 7 月在美的毕业生训练营的讲话：《美的的未来一定是年轻人的》。

··· Appendix ···
附录

学界关于企业成长阶段的研究

钱德勒的"钱氏模型"

阿尔弗雷德·D.钱德勒（Alfred D. Chandler）出身名门，他的外祖父曾长期担任杜邦公司的首席化学工程师，曾外祖父是创立标准普尔的亨利·瓦纳姆·普尔，这种家缘关系让钱德勒在获得"进行企业史研究所依赖的一手资料"上具有得天独厚的优势。拥有历史学博士学位的钱德勒擅长于以"历史逻辑的手法"阐述晦涩的理论。在1962年出版的《战略与结构：美国工商企业成长的若干篇章》一书中，钱德勒通过对杜邦公司、通用汽车公司、新泽西标准石油公司和西尔斯公司等成长过程的研究，提出美国企业扩张通常经历创业、横向合并、纵向一体化、海外扩张和多元化五个阶段。⊖

⊖　阿尔弗雷德 D 钱德勒.战略与结构：美国工商企业成长的若干篇章［M］.孟昕，译.昆明：云南人民出版社，2002.

（1）创业阶段。

钱德勒的研究表明，企业在创业阶段规模较小，而且通常是家族企业，一般由掌握整个企业命运的老板和老板信任的一两个人管理企业的全部大小事务，这些事务包括经营的和管理的、企业的和企业家个人的。事实上，企业管理作为独立的活动在创业阶段还不存在，极少数几个人严格控制着研产销采各个环节。当业务量增加、企业和遥远的办事处之间沟通不便时，老板也很少借助管理的手段，而是想办法把办事处负责人变成企业的合伙人。

（2）横向合并阶段。

随着企业规模的扩大和市场趋于饱和，市场明显供过于求，价格下降，企业便希望通过合并来限制竞争。合并很容易通过标准化的程序和标准化的原材料采购促进企业的规模经济性，还可以通过集中生产的方式减少制造的单位成本；同样，在研发和销售领域也能拥有类似优势。与此同时，企业协调成本会增加，企业必须建立起强有力的集权管理模式，这时候企业会形成职业化的管理层，以促进研产销之间的协同，这时候，直线职能制的组织结构往往会很有效。

（3）纵向一体化阶段。

水平方向合并和集中很快会对垂直一体化形成较大的压力，因为工厂扩大以及销售设施的扩大带来的高额固定成本必须通过连续的高产出来消化，生产企业会发现完全依靠外部的代理商和经销商很不安全，这时候企业会选择纵向一体化，自己建立销售网络或进入关键零部件领域。这一时期组织结构会变得更为复杂，包括关键职能的确定、总部与职能部门和分支机构之间的分权、沟通路线等，都需要重新设计。

（4）海外扩张阶段。

在海外扩张中，几乎所有的美国公司都遵循相同的模式：首先是建立广泛的国外销售组织；接着是为绕过关税、降低高昂的运输成本、利用廉价的劳动力和减少跨越海洋的漫长流程，在海外设立工厂；销售和生产一经在海外结合，原材料、半成品加工等紧接着会本地化，在海外设立子公司便顺理成章。

（5）多元化阶段。

大多数企业最终都会走向多种产品线的方式，这将比全球经营更为复杂。多元化的扩张加大了企业家决策的范围、数量和复杂程度，既有的权力和沟通路线以及信息流转都会变得越来越不适应，建立多事业部的分权组织结构势在必行。

钱德勒的历史性贡献在于开创性地从战略与组织相互影响的视角来描述企业成长的过程，提出了战略引导组织能力，反过来组织能力约束战略的选择的企业成长"钱氏模型"。钱氏模型局限性在于虽然首次提出了"组织能力"的概念，但对每个阶段的讨论仍然局限于"组织结构"的层面。

格雷纳的企业成长模型

哈佛大学教授拉瑞·格雷纳（Larry E. Greiner）于 1972 年通过分

析研究，归纳出企业成长的五个关键因素：组织的年龄、组织的规模、演变的阶段、变革的阶段和产业的增长率。[⊖]

（1）组织的年龄。

格雷纳认为，管理问题和管理原则都是由时间造成的。对任何成长模型而言，最显而易见和最本质的方面，就是一个组织的年龄。历史表明，在一个长的生命周期里，组织实践不会一成不变。例如，分权的概念，在某一个时期符合公司实际，但在另一个时期就不符合了。

（2）组织的规模。

一个公司对于所出现的问题和采取的解决方法随着雇员人数和销售额的增加而发生显著的变化。规模放大了协调与交流问题，产生了新的职能，接着管理层级增加，工作变得更加相互关联。

（3）演变的阶段。

随着组织的成长，出现了另一种现象，即"进化时期"的顺延式成长。大多数成长中的组织不是扩展两年而后收缩一年，而是在危机中生存下来，通常经历4～8年的持续成长，此间没有重大的经济挫折或严重的内部混乱。演变一词用来描述这种平静时期似乎是适当的，因为要在不变的整体管理模型下保持成长，似乎仅需要做些适度的调整就够了。

⊖ 拉瑞·格雷纳. 组织成长中的演变和变革［J］. 王肖婧，王丽芳，译. 哈佛商业评论（中文版），1998.

（4）变革的阶段。

平静的演变不是必然发生和无限持续的，不能假设组织的成长是直线式的。例如，《财富》杂志的"500强"名单，在过去的50年中就发生了重大的变化。事实上，从许多历史案例中可以看到一种迹象，在较为平静的演变阶段之间存在着巨大的动荡。这些动荡时期即为变革时期，因为它们典型地显示了管理实践上的剧变。在每一个变革时期，管理的关键任务在于寻找一套新的组织实践，这套实践将成为管理成长演变下一个阶段的基础。

（5）产业的增长率。

一个组织在演变和变革阶段的成长速度，与它所在产业的市场环境密切相关。例如，一个处在急速扩大的市场中的公司必须快速地增加雇员，因此迫切需要新的组织结构，以容纳大幅度增加的雇员。在迅速成长的行业中，演变时期比较短，但在成熟的或缓慢成长的行业中，演变时期要长得多。

依据上述五个要素在企业成长中的演变，格雷纳教授将企业成长划分为创业、职能化、分权、精细化、整合五个阶段（如表附-1所示）。

表附-1　企业成长五个阶段

范畴	创业阶段	职能化阶段	分权阶段	精细化阶段	整合阶段
管理焦点	制造和销售新产品	经营效率	扩展市场	组织的巩固	团队协作和创新
组织结构	员工之间交流频繁，但多是非正式的	职能化结构专业化分工	对分支机构适度分权	分散的单位重组成业务群	矩阵制结构，以便集中适当的团队

范畴	创业阶段	职能化阶段	分权阶段	精细化阶段	整合阶段
高层管理风格	个人主义和创业、创新，以及企业家精神	高层对下属经常性地指导，像教官	高层集中在并购或与分权单位并列的外部公司	监察人	鼓励创新；频繁会商，聚焦关键问题
控制系统	销售结果	会计核算系统，预算和工作标准	定期报告和利润中心，例外管理	集中审查计划程序，全面控制程序	相互设定目标，简化正规控制制度
管理的报酬重点	长时间工作较低的薪金利益的分成	薪水和视功绩增加的工资	个人奖金制	分享利润及股份选择权	团队奖金

格雷纳的贡献在于发现了组织成长过程中演变和变革的区别，明确提出企业不会自动从一个阶段演进到下一阶段，在两个阶段之间，需要经历变革的阵痛。变革是对原有管理结构、管理规则和管理风格的打破，是一种新的平衡的重构。但格雷纳教授的研究并没有延续下去。

弗拉姆豪茨与兰德尔的企业成长七阶段模型

加州大学洛杉矶分校管理学教授埃里克·G. 弗拉姆豪茨（Eric G. Flamholtz）和伊冯·兰德尔（Yvonne Randle）根据自己的研究和咨询经验于 1986 年提出了企业成长的七阶段模型。弗拉姆豪茨教授认为，管理企业成长需要从整体上把握企业，规划某些关键领域的必要变革，才能帮助企业从一个成长阶段成功地进入下一个成长阶段。应关注的关键领域包括：企业的事业基础和 6 项关键组织任务。具体来讲，企业的事业基础是指企业的业务定义、战略使命与核心战略；6

项组织任务则包括：识别并建立利基市场，开发产品和服务，获取资源，开发运营系统，开发管理系统和管理企业文化。企业要想健康成长，企业的事业基础和 6 项组织任务之间必须相互支持，同时 6 项组织任务必须融为一个整体。但是企业在不同成长阶段对这 6 项组织任务的关注点是不同的，依据关注点的不同，企业成长可以划分为创业、扩张、规范化、巩固、多元化、整合、衰落与复兴七个阶段。[⊖]

（1）创业阶段。

对于生产型企业，一般指销售收入从几乎为 0 到年收入接近 100 万美元的阶段。这一阶段的终极目标是建立"业务定义的根基"，由此重中之重是关注两项任务：确定市场和开发产品。

（2）扩张阶段。

这一阶段涉及销售收入的快速增长、员工数量的迅速增加等，对生产型企业，销售收入通常在 100 万到 1000 万美元之间，服务型企业则在 30 万到 330 万美元之间。这一阶段的主要目标是"组织规模的扩张"，此时必须获取资源并发展运营系统。

（3）规范化阶段。

企业高层认识到不能仅靠增加人力、财力和物力应对发展带来的问题，而必须进行组织类型的转变，企业规模本身决定企业需要更加

⊖ 埃里克 G 弗拉姆豪茨，伊冯·兰德尔.企业成长之痛：创业型企业如何走向成熟［M］.黄震亚，董航，译.北京：清华大学出版社，2011.

规范的计划、定期召开的会议、明确界定的组织角色和职责、绩效评估系统和控制系统等。

（4）巩固阶段。

当企业销售收入达到1亿美元时，企业的业务和人员在空间上的分布已经很分散，企业的文化传承问题会越来越突出，此时必须将注意力转到企业文化上。

（5）多元化阶段。

企业在创业期的创业精神必须在这一阶段再度出现，且成为占主导地位的力量，创业期确定的事业基础使得企业在前三个阶段能够通过建立运作和管理基础架构支持企业成长，而多元化发展的需要再度转化为对创业精神的需要。在此期间，公司必须建立支持内部创业的制度和文化。

（6）整合阶段。

这一阶段的核心问题是如何将不同分支机构整合成统一的业务实体，此时应该在发展过程中建立新的运作和管理基础架构。新的管理架构必须设计成管理一系列业务而不仅仅是一项业务。

（7）衰落与复兴阶段。

庞大的组织规模已经使企业十分臃肿笨重，会因为规模、机构和文化使其行动缓慢从而错失良机，衰落几乎不可避免。企业此时需要做的是摆脱许多享有特权的人的困扰，减少内部权术的运用和博弈，在六个组织任务上重新复兴。

在弗拉姆豪茨的企业成长模型里，首次明确了组织发展的各个任务，而且每个阶段对应不同的组织任务，对企业有更直接的指导意义。然而，弗拉姆豪茨的模型存在两个重大缺憾：第一是模型本身不够严谨，比如对人的激励和管理，几乎只字未提；第二是每个阶段只强调某一两个任务，本身就违背了建立模型之初强调"整体"的初衷。

爱迪思的企业生命周期理论

伊查克·爱迪思（Ichak Adizes）提出的企业生命周期（corporate life cycles）理论在管理学界别树一帜。爱迪思试图跳出学院派的管理教育模式，从现实中的管理问题出发，结合自己长期的管理顾问经验，对管理进行了门诊医疗式的探讨。在爱迪思眼里，企业就像生命体一样，会经历从孕育到出生、成长，再到老化、死亡的生命周期。1988年，爱迪思博士出版了《企业生命周期》一书，书中系统阐述了他从20世纪70年代便开始倡导的企业生命周期理论，拟人化地将企业划分为孕育期、婴儿期、学步期、青春期、盛年期、稳定期、贵族期、官僚化早期、官僚期与死亡十个阶段（如表附-2所示）。[⊖]

⊖ 伊查克·爱迪思.企业生命周期［M］.赵睿，等译.北京：中国社会科学出版社，1997.

表附 - 2　企业生命阶段（爱迪思）

生命阶段	成长特征与管理重点	可能的陷阱
孕育期	强调创业的意图和未来能否实现的可能性；应关心市场应该买什么，而不是正在买什么	对支持者不切实际的承诺；产品导向而非市场导向；过早失去控制权
婴儿期	机会驱动，销售为王；决策权高度集中；创业精神，加班加点如家常便饭；管好资金	低估对资金的需求，资金断裂；向短视者融资；过早授权
学步期	机会驱动，从销售到营销；适度分授权，完善政策，明确什么能做、什么不能做；因人设事	创业者陷阱，家族陷阱
青春期	分权与授权，职业化管理，企业目标从"更多即更好"到"更好即更多"	新老冲突，创业者与职业经理人的冲突，创业者（个人）与公司冲突
盛年期	结构化，制度化，注重成果，计划执行力，孕育新的业务	自大，缺乏足够的训练有素的员工
稳定期	成果导向，高度制度化，少有冲突	控制部门地位提升，价值创造部门地位降低；成长的欲望降低；墨守成规；人际关系板结
贵族期	资金大量用于控制、福利，关注做事方式重于内容和原因，资金充裕，通过兼并增长	鸵鸟心态，孤芳自赏；注重形式高于内容；多一事不如少一事
官僚化早期	强调谁造成了问题，而不关心采取什么补救措施；地盘之争；顾客意识消失殆尽	冲突内讧层出不穷；
官僚期与死亡	制度繁多，行之无效；与世隔绝，只关心自己；没有把握变化的意识；顾客需要打通企业关节	

　　爱迪思的主要贡献在于从文化的视角描述企业的成长过程，认为企业的成长与老化同生物体一样，主要都是通过灵活性与可控性这两大因素之间的关系来表现的。企业年轻时充满灵活性但可控性差；企业老化时可控性增加，灵活性却减少了。在此基础上，爱迪思提出了自己的诊断模型，即 PAEI 模型，从企业目标（P）、执行管理（A）、创新精神（E）和整合措施（I）四个维度来诊断和干预企业

文化，通过对企业文化的干预来延缓企业的老化。爱迪思生命周期理论的缺憾在于"看对了病症而药力不足"，单纯从文化角度干预企业的老化过程显得有点"隔山打牛"，很难行之有效地阻止企业的老化进程。

杨杜的企业成长"三性模型"

在研究企业成长的国内学者里，中国人民大学的杨杜教授无疑最具代表性。早在1996年，杨杜教授便在《企业成长论》一书中基于企业持续性、增长性、变革性提出企业成长的"三性模型"，在2014年《成长的逻辑》一书中进一步发展和修正了这一模型[⊖]。企业持续性研究企业如何才能活下去，不仅关注企业的原则底线，而且时刻考虑到企业组织的可传承性、可继承性；企业增长性即要把企业做大做强，既包括企业的增长，也包括员工的成长，员工成长为企业成长做出贡献，企业增长为员工成长搭建舞台，最终实现企业与员工共同成长；企业变革性是指一个企业发展到一定程度之后，总要进行主动或被动的变革，具备不具备变革性是决定一个企业能不能持续成长下去的至关重要的一环。杨杜教授认为，上述三种属性的强弱决定了企业创业期、成长期、成熟期和衰退（或蜕变）期四阶段的成长过程和成长节奏。

杨杜教授将注意力放在了"战略转折点"的管理上。杨教授认为企业的成长道路近似于S型的寿命周期曲线，在成长的战略转折点上

⊖ 杨杜.成长的逻辑［M］.北京：经济管理出版社，2014.

很容易掉进两大陷阱。一个是冒进陷阱，在企业创立 7 ～ 8 年的时间最容易出现，其基本轨迹是：创业成功—盲目自信—多元投资—快速膨胀—管理失控—短命夭折；另一个是保守陷阱，一般发生在企业创立 20 年左右的时间，经营者永不言弃、誓与企业共存亡的情绪和员工的盲目忠诚感使企业在需要变革时过于谨慎，导致企业失去复苏的机会。绕过战略陷阱的关键在于两点：一是把握战略转折点；二是强化管理，提升企业核心竞争力。

后　记

　　2015 年夏天，我约了苗兆光、夏惊鸣、陈明、王祥伍等华夏基石管理咨询集团合伙人，在彭剑锋教授的支持下，开始进行《中国企业成长导航》课题的研究。目的在于为我国成长型企业提供战略和组织双维度的整体性管理架构。经过武夷山会议、苏州会议、北京宽沟会议及香山会议若干次头脑风暴式的讨论之后，我整合提出了中国企业成长变量体系、阶段划分等原创性模型。这些成果作为华夏基石内部共享的知识平台，被应用于有关合伙人的管理咨询实践以及培训服务之中，受到一些企业家朋友的欢迎和肯定，认为它们契合了中国企业成长实践，具有较强的指导意义。尤其是本书所描绘、分析的五阶段成长模型，常常引发企业家强烈的共鸣。

　　在成长模型框架形成后的两三年时间内，根据中国企业成长的新实践、新态势，我和苗兆光对框架不断进行细化和改进，并在框架指导下深入研究有关企业的成长案例。到了 2018 年秋天，我们认为思考已经成熟了，便着手写作本书并于 2018 年年底完成。两位作者的写作分工，已在本书导言中做了说明；本人负责全书的结构设计和修饬定稿。

我们两人从事管理咨询工作很多年了。这个"挣不了大钱"（彭剑锋语）的行业，在我看来，其最大的魅力就是横跨产学两界。管理咨询工作，使我们有机会贴近企业、观察到真实的问题，有利于我们做一些针对性强、具有实用价值的研究。目前，某些学院派的管理学研究，似乎走进了远离实践的象牙塔，而一些"江湖派"咨询人员往往剑走偏锋，提不出具有学理和逻辑基础的体系性解决方法。作为有学院背景，又长期在一线工作、在理论和实践两边行走的专业咨询人员，已能体察到时代的要求，深感责任重大。国外一些著名的管理咨询机构一直是管理理论创新的生力军，总结、发明了许多人们耳熟能详、实践导向的管理模型和方法。本土管理咨询公司的研究能力和方法建构能力总体上较为薄弱。华夏基石已将自身定位为研究型咨询机构和智库，未来在管理理论研究的轨道上将会奋力前行，我们也会付出更大的努力。可以相信，在不久的将来，管理咨询机构及其专业咨询人员的研究成果，将会在我国管理学生态中蔚然成林。

感谢《中国企业成长导航》课题顾问彭剑锋教授、陈春花教授、杨杜教授、吴春波教授；感谢参加课题讨论的各位同仁以及其他人员：夏惊鸣、孙波、陈明、郭伟、邢雷、郭星、曹朝霞、何屹、王建强、刘建兆、刘孟超、樊宏、徐晓蓉等。

感谢苏州大学陈建军教授对课题苏州研讨会提供的支持。

感谢华夏基石 e 洞察微信公众号以及主编宋劲松先生；感谢华夏基石《洞察》杂志以及主编尚艳玲女士。我们的一些研究成果都是在这两个媒体上首发的。

感谢王亚红女士为本书付出的劳动。

感谢长期指导以及支持帮助我们的老师和家人。

施　炜

2019 年 2 月 12 日

欧洲管理经典 全套精装

欧洲最有影响的管理大师
（奥）弗雷德蒙德·马利克 著

超越极限

如何通过正确的管理方式和良好的自我管理超越
个人极限，敢于去尝试一些看似不可能完成的事。

转变：应对复杂新世界的思维方式

在这个巨变的时代，不学会转变，错将是你的常态，
这个世界将会残酷惩罚不转变的人。

管理成就生活（原书第2版）

写给那些希望做好管理的人、希望过上高品质的生活
的人。不管处在什么职位，人人都要讲管理，
出效率，过好生活。

管理：技艺之精髓

帮助管理者和普通员工更加专业、更有成效地完成
其职业生涯中各种极具挑战性的任务。

战略：应对复杂新世界的导航仪

制定和实施战略的系统工具，
有效帮助组织明确发展方向。

公司策略与公司治理：如何进行自我管理

公司治理的工具箱，
帮助企业创建自我管理的良好生态系统。

正确的公司治理:发挥公司监事会的效率应对复杂情况

基于30年的实践与研究，指导企业避免短期行为，
打造后劲十足的健康企业。

彼得·德鲁克全集

序号	书名	要点提示
1	工业人的未来 The Future of Industrial Man	工业社会三部曲之一，帮助读者理解工业社会的基本单元——企业及其管理的全貌
2	公司的概念 Concept of the Corporation	工业社会三部曲之一，揭示组织如何运行，它所面临的挑战、问题和遵循的基本原理
3	新社会 The New Society：The Anatomy of Industrial Order	工业社会三部曲之一，堪称一部预言，书中揭示的趋势在短短十几年都变成了现实，体现了德鲁克在管理、社会、政治、历史和心理方面的高度智慧
4	管理的实践 The Practice of Management	德鲁克因为这本书开创了管理"学科"，奠定了现代管理学之父的地位
5	已经发生的未来 Landmarks of Tomorrow：A Report on the New "Post-Modern" World	论述了"后现代"新世界的思想转变，阐述了世界面临的四个现实性挑战，关注人类存在的精神实质
6	为成果而管理 Managing for Results	探讨企业为创造经济绩效和经济成果，必须完成的经济任务
7	卓有成效的管理者 The Effective Executive	彼得·德鲁克最为畅销的一本书，谈个人管理，包含了目标管理与时间管理等决定个人是否能卓有成效的关键问题
8 ☆	不连续的时代 The Age of Discontinuity	应对社会巨变的行动纲领，德鲁克洞察未来的巅峰之作
9 ☆	面向未来的管理者 Preparing Tomorrow's Business Leaders Today	德鲁克编辑的文集，探讨商业系统和商学院五十年的结构变化，以及成为未来的商业领袖需要做哪些准备
10 ☆	技术与管理 Technology， Management and Society	从技术及其历史说起，探讨从事工作之人的问题，旨在启发人们如何努力使自己变得卓有成效
11 ☆	人与商业 Men， Ideas ，and Politics	侧重商业与社会，把握根本性的商业变革、思想与行为之间的关系，在结构复杂的组织中发挥领导力
12	管理：使命、责任、实践（实践篇） Management:Tasks,Responsibilities,Practices	
13	管理：使命、责任、实践（使命篇） Management:Tasks,Responsibilities,Practices	为管理者提供一套指引管理者实践的条理化"认知体系"
14	管理：使命、责任、实践（责任篇） Management:Tasks,Responsibilities,Practices	
15	养老金革命 The Pension Fund Revolution	探讨人口老龄化社会下，养老金革命给美国经济带来的影响
16	人与绩效：德鲁克论管理精华 People and Performance: The Best of Peter Drucker on Management	广义文化背景中，管理复杂而又不断变化的维度与任务，提出了诸多开创性意见
17 ☆	认识管理 An Introductory View of Management	德鲁克写给步入管理殿堂者的通识入门书
18	德鲁克经典管理案例解析（纪念版） Management Cases(Revised Edition)	提出管理中10个经典场景，将管理原理应用于实践

彼得·德鲁克全集

序号	书名	要点提示
19	旁观者: 管理大师德鲁克回忆录 Adventures of a Bystander	德鲁克回忆录
20	动荡时代的管理 Managing in Turbulent Times	在动荡的商业环境中, 高管理层、中级管理层和一线主管应该做什么
21☆	迈向经济新纪元 Toward the Next Economics and Other Essays	社会动态变化及其对企业等组织机构的影响
22☆	时代变局中的管理者 The Changing World of the Executive	管理者的角色内涵的变化、他们的任务和使命、面临的问题和机遇以及他们的发展趋势
23	最后的完美世界 The Last of All Possible Worlds	德鲁克生平仅著两部小说之一
24	行善的诱惑 The Temptation to Do Good	德鲁克生平仅著两部小说之一
25	创新与企业家精神 Innovation and Entrepreneurship:Practice and Principles	探讨创新的原则, 使创新成为提升绩效的利器
26	管理前沿 The Frontiers of Management	德鲁克对未来企业成功经营策略和方法的预测
27	管理新现实 The New Realities	理解世界政治、政府、经济、信息技术和商业的必读之作
28	非营利组织的管理 Managing the Non-Profit Organization	探讨非营利组织如何实现社会价值
29	管理未来 Managing for the Future:The 1990s and Beyond	解决经理人身边的经济、人、管理、组织等企业内外的具体问题
30☆	生态愿景 The Ecological Vision	对个人与社会关系的探讨, 对经济、技术、艺术的审视等
31☆	知识社会 Post-Capitalist Society	探索与分析了我们如何从一个基于资本、土地和劳动力的社会, 转向一个以知识作为主要资源、以组织作为核心结构的社会
32	巨变时代的管理 Managing in a Time of Great Change	德鲁克探讨变革时代的管理与管理者、组织面临的变革与挑战、世界区域经济的力量和趋势分析、政府及社会管理的洞见
33	德鲁克看中国与日本: 德鲁克对话 "日本商业圣手" 中内功 Drucker on Asia	明确指出了自由市场和自由企业, 中日两国等所面临的挑战, 个人、企业的应对方法
34	德鲁克论管理 Peter Drucker on the Profession of Management	德鲁克发表于《哈佛商业评论》的文章精心编纂, 聚焦管理问题的 "答案之书"
35	21世纪的管理挑战 Management Challenges for the 21st Century	德鲁克从6大方面深刻分析管理者和知识工作者个人正面临的挑战
36	德鲁克管理思想精要 The Essential Drucker	从德鲁克60年管理工作经历和作品中精心挑选、编写而成, 德鲁克管理思想的精髓
37	下一个社会的管理 Managing in the Next Society	探讨管理者如何利用这些人口因素与信息革命的巨变, 知识工作者的崛起等变化, 将之转变成企业的机会
38	功能社会: 德鲁克自选集 A Functioning society	汇集了德鲁克在社区、社会和政治结构领域的观点
39☆	德鲁克演讲实录 The Drucker Lectures	德鲁克60年经典演讲集锦, 感悟大师思想的发展历程
40	管理(原书修订版) Management(Revised Edition)	融入了德鲁克于1974~2005年间有关管理的著述
41	卓有成效管理者的实践(纪念版) The Effective Executive in Action	一本教你做正确的事, 继而实现卓有成效的日志笔记本式作品

注: 序号有标记的书是新增引进翻译出版的作品